徐州汉墓

符号江苏·口袋本

梁勇 著

江苏凤凰美术出版社

Xu Zhou
Han Mu

图书在版编目（CIP）数据

徐州汉墓 / 梁勇著. -- 南京: 江苏凤凰美术出版社, 2018.2（2023.5重印）
（符号江苏·口袋本）
ISBN 978-7-5580-3184-7

Ⅰ.①徐… Ⅱ.①梁… Ⅲ.①汉墓-介绍-徐州 Ⅳ.①K878.8

中国版本图书馆CIP数据核字（2018）第001836号

责任编辑 王 煦
项目协力 程继贤
装帧设计 曲闵民
责任校对 吕猛进
责任监印 张宇华

书　　名 徐州汉墓
著　　者 梁 勇
出版发行 江苏凤凰美术出版社（南京市湖南路1号 邮编：210009）
制　　版 南京新华丰制版有限公司
印　　刷 南京新世纪联盟印务有限公司
开　　本 787mm×1092mm 1/32
印　　张 4.5
版　　次 2018年2月第1版 2023年5月第2次印刷
标准书号 ISBN 978-7-5580-3184-7
定　　价 40.00元

营销部电话 025-68155675 营销部地址 南京市湖南路1号
江苏凤凰美术出版社图书凡印装错误可向承印厂调换

CONTENTS 目录

引 言

两汉社会经济发达、文化繁荣、民族自信力最为强劲，富有热情奔放、兼容并蓄、浪漫而进取的时代精神，呈现出雄浑威仪、阔大浑厚、具有很强的适应性和多样性的盛世气象，并由此奠定了中华民族历史发展的主基调，为后世留下了丰富的文化遗产。这些遗产很多与徐州有直接关系，或出土于徐州，成为徐州人民文化基因与难以割舍的情感，成为人们关注徐州历史文化的重要原因。

徐州是刘邦的家乡和发迹地，助刘邦打天下的徐州人很多；徐州人对两汉政治作出了很多贡献，曹参是沛县人，他将任齐国丞相时按黄老学说制定的无为政治推行至全国，成效显著；汉初儒家学说重新抬头的带头人是刘邦及其弟刘交；佛教传入我国和道教的产生也都与徐州直接有关，统治者信奉佛教最早见于记载的是刘秀之子、楚王刘英，五斗米教的首领是丰县人张道陵。可以说徐州的先贤们为大汉帝国的建立、经济的发达、文化的繁荣，作出了非凡的贡献。

有人将徐州的汉墓、汉俑和汉画像石称作“汉代三绝”，进而将其作为徐州两汉文化的代表与符号。其实，三者是种属关系，汉墓包含了汉俑和汉画像石。汉俑是汉墓的随葬品，汉画像石多数是汉墓的建筑构件，三者都属于丧葬文化中的物质文化。徐州汉墓出土的汉代玉器质地好而雕琢精，汉代印章封泥数量可观又自成体系。这一切构成了江苏历史文化最绚丽的华章，是江苏北部最杰出的代表；加之南部的吴文化，便有了江苏历史文化“吴韵汉风”的提法，从而成为形象表达江苏历史文化的一种说法、一种符号。

徐州汉墓是了解徐州、理解两汉文化乃至中华文化的重要视角与内容。这本小书选取了一个时段——汉代，一个群体——分封在徐州的楚王与彭城王及其生活在这片土地上的人，一个视角——徐州汉墓，来叙述那段丰满而多彩的历史。

第一章　千古龙飞地　一代帝王乡

徐州古称彭城，在江苏省西北部，苏鲁豫皖四省交会处，历史悠久。徐州新沂马陵山旧石器时代晚期的大贤庄和爪墩遗址出土的细石器，距今大约1万年至3万年，说明此时这里已经有人类活动。徐州具有4000多年的文明史和2500多年的建城史。据《史记》记载，夏代陆终氏之子篯铿创建彭方国，篯铿亦称彭铿，被视为彭国之祖，即传说中的寿星彭祖。商代彭国比较强大，被称为“大彭”。彭国历夏商约800年。西周时期彭城属宋，据钱穆考证，宋受魏国等强国威胁，战国时曾迁都彭城。秦统一后设彭城县。楚汉战争期间，西楚霸王项羽建都彭城。彭城是西汉楚国、东汉彭城国治所，是魏晋南北朝时期徐州的治所，自此彭城始称徐州。

第一节　大汉王朝的建立

一、秦末农民战争

秦始皇统一六国，战争连年，人民受难；新格局下，政局不够稳定。秦王朝统一之后，建宫殿陵墓，筑长城、修驰道，大兴土木，对匈奴和南越用兵，加重了人民负担；实施严刑酷法，人们动辄触犯刑律。秦二世继位后，赋敛益重，戍徭无已，用法更为苛刻，致使天下困疲不堪，人民苦难深重，怨声载道，矛盾激化。公元前 209 年 7 月，到北京戍守的一队农民，行进到蕲县大泽乡（今安徽宿州），遇连日大雨难以前行，无法按期到达目的地。秦法规定：误期当斩。戍卒中的两个屯长陈胜和吴广密议发动戍卒起义，于是“斩木为兵，揭竿为旗”，杀死监押的军官，提出“大楚兴，陈胜王”的口号，立陈胜为将军，吴广为都尉，以秦始皇长子扶苏和楚将项燕名义号召民众起义。起义军迅速攻占蕲县，并向西挺进，占领陈以后建立了“张楚”政权。起义坚持了 6 个月后失败。“张楚”政权的建立，带动了全国范围内的反秦斗争，各地纷纷杀长吏，响应陈胜（图一），其中，项羽和刘邦是两支主要力量。公元前 207 年，项羽率领的起义军，在巨鹿同秦军主

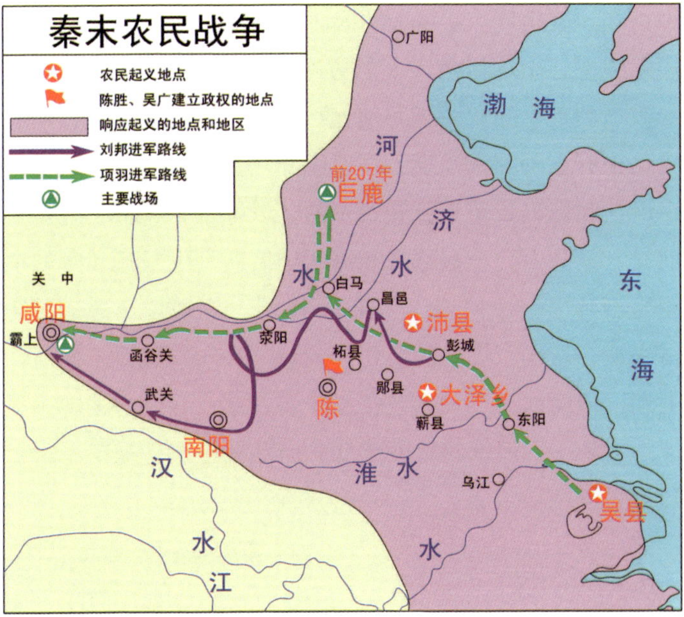

图一 秦末农民战争

力部队展开大战，大败秦军。第二年，刘邦率领的起义军攻占秦都咸阳，秦朝灭亡。

二、楚汉战争

巨鹿之战，灭秦军主力，项羽取得了诸侯上将军地位。公元前 206 年 2 月，项羽凭借其军事优势，分封 18 个诸侯王，恢复封建割据，自立为西楚霸王，定都彭城，封刘邦为汉王，定都南郑。将关中分为三部，分别封秦降将章邯、司马欣、董翳为王，企图通过他们控制关中，将刘邦困锁在边险地区。刘邦采纳萧何建议，确定了收用巴、蜀，还定三秦，东向以争天下的方略。项羽班师彭城。5月，未被项羽封王的田荣于齐地起兵反楚，自立为齐王，项羽发兵击齐。刘邦乘项羽无暇西顾和三秦王立足未稳之机，令萧何收取巴、蜀租赋补给军队，以韩信为大将、曹参为前锋统兵数万，积极部署东进。随后展开了长达4年的项羽与刘邦争夺帝位的楚汉战争。8月，汉军潜出故道，袭击雍地，进围章邯军于废丘。同时分兵攻取陇西、北地、上郡，迫降塞王司马欣、翟王董翳，定三秦，占关中大部地区。随后，命部将薛欧出武关向楚地进军，被楚军阻于阳夏（图二）。

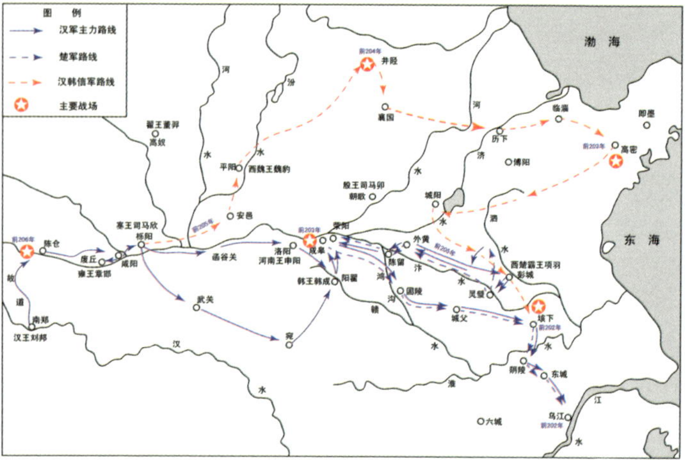

图二　楚汉战争形势图

项羽在两面受敌的情势下，采取先齐后汉的方针，继续攻齐。刘邦再度抓住战机，巩固关中扩张势力，亲自率军由函谷关出陕县东进，迫降河南王申阳，使韩信击破韩王郑昌，魏王豹率军归附，继而俘虏殷王司马昂，迅速占领了今河南及山西中南部广大地区，形成东进的有利态势。汉二年（前 205 年）四月，刘邦接受董公的建议，以项羽杀害楚怀王为口实，联络各地诸侯王，率联军 56 万人攻楚，袭占楚都彭城。项羽留部将继续击齐，自率精兵 3 万人，疾驰南下，大败汉军，收复彭城。此役，汉军被歼数十万人，元气大伤。

为摆脱被动局面，刘邦争取英布，重用韩信、彭越，从各方面联合反楚力量。楚汉双方在荥阳、成皋一线相持。同年六月，刘邦返回关中，消灭章邯，尽占关中；并立太子、赦罪人、立法令、设县邑，加强边塞守备，建立稳固的后方基地。八月，又回到荥阳前线。

汉二年八月，魏王豹据河东反汉，威胁汉军侧翼。刘邦命韩信率军进攻，生擒魏王豹。刘邦采纳韩信建议，给韩信增兵 3 万人，开辟北方战场。同年闰九月，韩信首先破代。汉三年（前 204 年）年初，楚军对汉军正面防线发动攻势，攻占荥阳、成皋，刘邦败逃关中。刘邦采纳谋士辕生建议，于五月率军出武关，兵至宛、叶。项羽急于寻汉军主力决战，果然率军自荥阳、成皋南下宛、叶。汉军坚壁不战。而此时，彭越攻占楚后方重镇下邳（今徐州睢宁北古邳镇），迫使项羽回师解救。汉军乘机迅速北上，收复成皋。六月，项羽回军，对汉军发动第二次攻势，再占荥阳、成皋，并挥军西进。汉军败退至巩县，深沟高垒，阻击楚军。为减轻正面压力，刘邦遣刘贾、卢绾率兵 2 万人增援彭越，在楚后方攻城略地，断楚粮道，迫使项羽第二次回兵东击彭越，汉军再次收复成皋。汉三年十月，韩信越过太行山，与赵军战于井陉口，大败赵军，随之乘胜不战而降燕。汉四年（前 203 年）十一月，破齐楚联军于潍水之滨，平定齐地，直接威胁楚大后方。汉三年十一月，九江王英布叛楚附汉，项羽侧翼危急，忙遣龙且进攻九江军，分散了楚军兵力。项羽第二次率军东击彭越，兵至睢阳，闻汉军再次收复成皋，急忙引兵回救，双方在广武形成对峙。刘邦据荥阳、成皋坚守不战。汉四年八月，楚军粮尽，被迫与刘邦订立和约，“中分天下”，划鸿沟为界，东归楚，西属汉。

汉四年九月，刘邦背约，向楚军突然发起战略攻击，并约集韩信、彭越南下合围楚军。汉五年（前 202 年）十月，刘邦追击楚军至固陵，大败。刘邦从张良计，分别给韩、彭割地封王。十二月，调集韩信、彭越、英布、刘贾等各路大军 40 万人，将 10 万楚军包围于垓下。楚军兵少粮尽，屡战不胜，夜闻楚歌四起，军心瓦解。项羽率 800 骑兵突围南逃，刘邦派兵追击。项羽至乌江兵败自刎。

三、建立西汉

垓下一战，刘邦全歼楚军，获得最后胜利。公元前 202 年，刘邦做了皇帝，建立汉朝，定都长安（今西安西北），历史上叫作西汉。汉初采取“黄老治术”，实行与民休养的政策。在政治上采取“郡国制”，郡县和封国并存。皇帝分封侯国和王国，其中侯国只享有封地内的税收，无军事和行政权，并受郡的管辖，而王国则拥有独立的政

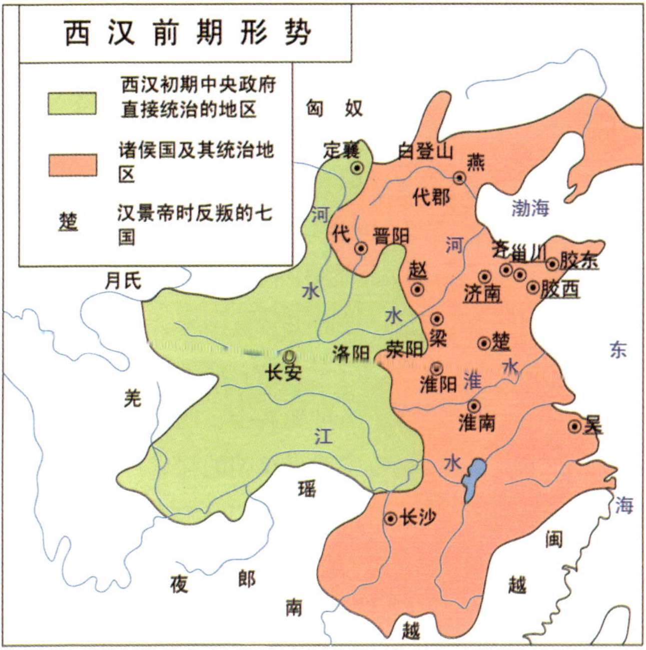

图三　西汉前期形势图

治和军事权力（图三）。在经济上对内兴修水利，减免赋税，遣散军队，招抚流亡，释放奴婢，为恢复农业发展创造条件；对外则和亲匈奴，维持边区和平。经吕太后专权之后，出现了“文景之治”“汉武盛世”“昭宣中兴”的局面。又经“元成衰弱”“败于哀平”。包括吕后和昌邑王刘贺，西汉共有 14 个帝王。

四、东汉王朝

经王莽短暂自立的新朝与西汉更始帝时期，公元 25 年，刘秀在绿林军的协助下，以武力击败了篡位的王莽，夺取帝位。身为西汉皇族，刘秀仍定国号为汉，建都洛阳，年号建武，是为汉光武帝。汉朝因国都的方位不同而分为西汉和东汉：刘邦所建汉朝在先，故称前汉；刘秀所建汉朝在后，又称后汉。

建武二年（26 年），光武帝下令全面改革王莽所实施的旧政策，整顿吏治，设尚书台掌国家大事，削弱三公的权限；废除“官奴”，清查土地，使人民生活逐步稳定下来。公元 1 世纪中叶，经过光武帝、明帝、章帝三代的治理，东汉王朝逐渐恢复了往日汉朝的强盛。其疆域鼎盛时期，正北至五原郡、朔方郡，南至日南郡，东至临屯郡，西至葱岭。220 年，曹丕篡汉，东汉灭亡。东汉王朝前后历 12 个帝王。许多人将汉朝和大约同时期的欧洲罗马帝国并列为当时世界上最先进的文明而强大的帝国。

第二节　徐州的两汉文化

一、什么是徐州两汉文化

关于徐州两汉文化，可以从两个角度界定：一是按地域原则，即徐州地区两汉时期文化，或两汉时期各种文化在徐州地区的状况；二是按形态原则，即中华文化系统中在两汉时期徐州地区形成的、有自己鲜明特点的亚文化形态，也就是特指两汉时期该地区居民特有的共同心理、意念、性格及其物化和行为化。从形态原则说，徐州两汉文化这个概念能否成立便大有讨论的必要了。

徐州两汉时期没有形成自己鲜明特色的亚文化形态，也就是没有形态原则意义上的徐州两汉文化。只有按地域原则意义上的徐州两汉文化，即徐州在两汉时期的文化。作为区域文化研究对象的徐州两汉文化，应是广义的文化，它指两汉时期徐州人在社会发展过程中所创造的物质文化与精神文化的总和及其与现实的关系、研究的基础理论；外地人在徐州两汉时期社会发展过程中创造的物质文化与精神文化的总和及其与现实的关系。

二、徐州汉代文物遗存概述

徐州汉代物质文化遗存指徐州两汉遗迹、遗物的综合体。最具代表性的是徐州两汉文物，如汉墓、汉俑、汉画像石、汉代玉器、汉代金属器、汉代陶器、汉代封泥印章等，汉代文物基本上是汉墓出土的。两汉遗迹主要是汉墓、汉

徐州地区汉代城址

城址名称	城址位置	面积(平方米)	城址名称	城址位置	面积(平方米)
彭城	徐州市区	不详	吕城	铜山区伊庄镇	不详
石户城	铜山区柳泉镇	310000	留城	铜山区柳新镇	不详
司吾城	新沂市王庄镇	94000	下邳城	睢宁县古邳镇	不详
湖陵城	沛县龙固镇	北城730000 南城1040000	沛城	沛县城区	不详
梁王城	邳州市戴庄镇	1000000	花城	新沂合沟镇	100000

图四 徐州地区汉代城址

代城址、汉代采石场等。汉墓包括汉楚王墓群、竖穴石坑墓、汉画像石墓以及大量小型墓葬等；汉代城址有彭城、石户城、湖陵城、司吾城、梁王城、吕城、下邳城等（图四）。

徐州出土汉代玉器从整体上来说数量多、品种全、质地好、雕琢精，有一部分堪称全国最好。它说明了西汉楚国制玉业的存在状况与发达程度，其初步研究成果说明玉器的随葬情况应该是判断墓葬等级、墓主身份的依据与标准，它补充了丝绸之路的贸易历史。汉代陶俑是中国陶俑发展史上的一个高峰期，世人瞩目，徐州出土的汉代陶俑是其重要代表。徐州博物馆藏封泥印章数量较多，仅汉代封泥印章就有5000余方，具有重要的历史价值和艺术价值。

徐州是汉画像石的集中出土地之一，且绝大多数是汉画像石墓的建筑构件，其艺术特点是：样式繁多，种类齐全；出现时间早，延续时间长；题材丰实，内容广泛；雕刻技法多样，兼施混用；浅浮雕为主，不够精致；画面充盈繁密，构图布局有致。其艺术价值足以支撑起中国古代石刻艺术在世界石雕艺术史上的地位，凸显了中国古代陵墓建筑装饰艺术的特点。

第二章　地下的王国

古人常常将人死后进入的世界称作“墓”“地府”“地宫”“阴间”，帝王将相们则幻想着死后建立其地下的王朝，其核心载体便是墓葬。“墓”是指放置尸体的固定设施，“葬”则是指安置尸体的方式。在考古学上，二者常被合称为“墓葬”，从而形成附加式合成词。在墓葬中，往往还包含着各种随葬的器物以及埋葬过程的痕迹。墓葬资料所提供的不仅仅是埋葬习俗和墓葬制度本身，往往也能在一定程度上反映出社会政治、经济、文化等方面的情况及墓主的地位。由于汉代徐州的特殊地位，徐州汉墓所展现的埋葬习俗与墓葬制度不仅是当时徐州社会的缩影，也代表了汉代文化发展水平。

第一节　地宫探秘

地宫是陵寝建筑的重要组成部分。徐州汉墓发现发掘数量众多，形制多样，等级明显，器物组合复杂，文保任务量大，形成了大量谜团式的地宫。这增加了研究保护的难度，也是徐州汉墓的魅力所在。

一、徐州汉墓的发掘与统计

徐州汉墓科学发掘的历史远远不及盗掘的历史悠久。大规模盗掘的历史可以追溯到西汉末年新莽时期，很多楚王陵墓都是那个时期被盗掘的。徐州汉墓的科学发掘始于1952 年的茅村汉画像石墓的发掘。1956 年江苏省汉画像石保管组的建立开始了有组织的汉代文物保护。1959 年建立徐州博物馆，开始配合上级有关部门进行系统的调查与科学发掘。

经过几十年的考古发掘，徐州汉墓已经有相当的数量进入世人的眼中。据有关学者统计，至 1990 年调查和发掘约有 300 座，至 2006 年徐州地区调查和发掘的汉墓数量有 2000 座左右，至 2014 年徐州地区调查和发掘的汉墓数量有 2500 座左右，至 2017 年徐州地区调查和发掘的汉墓数量有近 3000 座。其分布情况是：徐州市区发现发掘数量多、密度大、等级高，远在其他县（市）、区汉墓之上；其次为睢宁县、邳州市、贾汪区、新沂市；最少的为丰、沛两县，这可能与丰、沛两县遭受黄河泛滥地势被抬高有关。从徐州汉墓的地理位置看，一般而言，王侯宗亲贵族葬封国，平民葬居住区的家族墓地，王级别的墓是在山腰开洞。西汉早期墓葬较高等级的墓葬发现较多，且位于山脊山梁，西汉中晚期次之；东汉墓葬多位于山坡或相对较高的位置，数量上早期少晚期多。从墓葬形制位置上分析,不同的墓葬形制体现着不同的时代特征和等级差别。

徐州目前发现发掘西汉楚王墓 9 处 19 座，东汉彭城（下邳）王（后）墓 2 处 5 座；刘氏宗室墓 17 座，其中西汉刘氏宗室墓 12 座，东汉刘氏宗室墓 5 座；官吏豪强墓约 20 座，其中西汉官吏豪强墓 15 座，东汉官吏豪强墓 5 座；其余多为平民墓葬。这其中汉画像石墓 70 余座。目前资料表明王级墓基本没有画像石，只有土山汉墓黄肠石上发现一片面积很小的工匠随意之作，因此可以说汉画像石墓在王级以下才出现。其中，东汉刘氏宗室与官吏豪强墓出土的汉画像石最为精彩。

二、徐州汉墓的形制与结构

徐州汉代诸侯王墓葬的形制有横穴崖洞墓、横穴岩坑墓与横穴砖石墓三种形制。横穴崖洞墓就是在山腰处横向开凿墓道与墓室，形成巨大的洞室，甚至将整个山头掏空。它们是狮子山楚王和王后墓、东洞山楚王和王后墓、驮篮山楚王和王后墓、北洞山楚王和王后墓、龟山楚王和王后墓、卧牛山楚王墓、西卧牛山楚王和王后墓、南洞山楚王和王后墓，时间上贯穿整个西汉；横穴岩坑墓仅有 1 处，即楚王山楚王和王后墓，平面与横穴崖洞墓接近，在岩坑南北两侧以条石起券，券顶外用土覆盖，并形成覆斗形，时间当在西汉晚期；横穴砖石墓的方式是在小山坡上整理出岩石平台，以砖石垒砌墓室，用土覆盖形成覆斗形，如位于徐州博物馆的土山彭城王墓、位于睢宁古邳镇西蛟龙山麓的下邳王墓。

刘氏宗室墓与官吏豪强墓可视为一大分类，但是层级差异较大。其墓葬结构情况复杂，随葬品多寡、品质也不相同。墓葬形制分为竖穴岩坑墓、石室墓、砖室墓、砖石混合墓。竖穴岩坑墓是以竖穴岩坑为墓室的墓葬，出现于西汉早期，流行整个西汉，是西汉中型墓葬的主体，包括竖穴岩坑墓、竖穴岩坑石椁墓、竖穴岩坑洞室墓。石室墓是以石材垒筑而成的墓葬，流行西汉后期及整个东汉。砖室墓是以砖垒筑而成的墓室。砖石混合墓是以砖石混合垒建的墓葬，石结构往往位于用力处，多为梁柱。砖室墓、砖石混合墓则流行于东汉后期。西汉时期平民墓葬为竖穴土坑墓（图五）、竖穴石坑墓（图六），一些墓有石椁，后者竖穴深度较浅。东汉时期平民墓葬有竖穴土坑墓、小砖室墓。

图五　西汉竖穴土坑墓——新沂高庄汉墓43号墓

图六　西汉竖穴石坑墓——铁刹山墓群M66号下层双椁室墓

第二节　楚王与楚王墓

一、西汉楚王

汉楚王系统应含西汉、东汉两个阶段。以血缘关系来划分，西汉楚王有两系三支。一个系统为韩信，公元前202年被汉高祖刘邦封为楚王，都下邳（今江苏省徐州市睢宁县古邳镇），次年被降为淮阴侯，是为异姓王楚国，仅存一年。另一系统是同姓王楚国，可分为两支：一支为楚元王刘交。韩信被贬为淮阴侯以后，其地被分为荆、楚二国，刘邦立其弟刘交为楚王，王淮西，都彭城（今江苏省徐州市）。这一支从公元前201年初封，到公元前69年刘延寿叛乱自杀国除，8位楚王共计133年。另一支为楚孝王刘嚣。甘露四年（前50年），汉宣帝徙其子、定陶王刘嚣为楚王，都彭城。这一支从公元前50年徙楚，到公元8年王莽"贬刘纡为公，明年废"，4位楚王共计58年。

【刘交系统楚王】刘交见于记载的儿子有7个：太子刘辟非，早逝；次子刘郢客，初封上邳侯，官任宗正，后承嗣楚王位；王子刘礼，封平陆侯，后被封楚王；王子刘富，封休侯；王子刘岁，封沈犹侯；王子刘埶，封宛朐侯；王子刘调，封棘乐侯。因长子早夭，楚王刘交去世后，由次子刘郢客继承王位，是为楚夷王。第二任楚王刘郢客素质优秀，他饱读诗书，博学多才，继任楚王后，礼贤下士，任他的老师、《诗》博士申公为中大夫。刘郢客传位其子刘戊，刘戊参加吴楚七国之乱自杀，刘交子刘礼被续封为楚王，谥号楚文王。刘礼传位其子刘道，谥号楚安王。刘道传位刘注，谥号楚襄王。刘注传位其子刘纯，谥号楚节王。刘纯传位刘延寿，刘延寿因攀附刘胥，谋叛事发，刘交系统楚国国除。

【刘嚣系统楚王】刘嚣的父亲是汉宣帝刘询。汉宣帝卫婕妤生楚孝王刘嚣。刘嚣于甘露二年（前 52 年）受封为定陶王，2 年后，即公元前 50 年徙封为楚王，建都彭城，遂徙居彭城。在西汉晚期各王中，楚王刘嚣是较为优秀的一个，受到汉朝皇帝的嘉奖和厚赏。成帝河平中入朝，第二年去世，在位 28 年，谥为楚孝王。刘嚣去世后，太子刘文继位为第二代楚王，是为楚怀王，在位 1 年去世。刘嚣三子刘衍继位楚王，是为楚思王。刘衍在位 21 年去世，

西汉楚王世系表

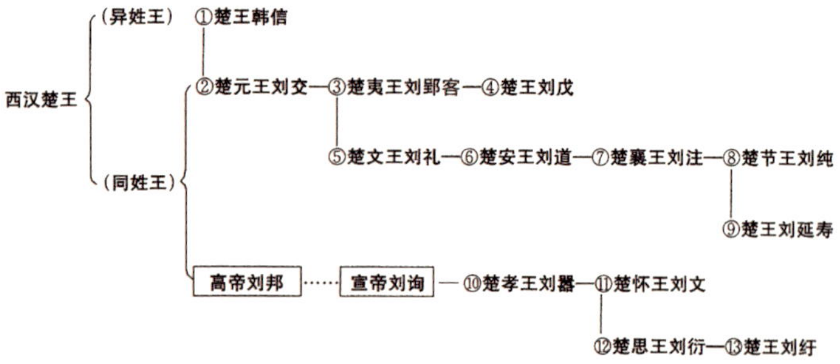

传位给儿子刘纡。王莽篡汉后，楚王刘纡被贬为公，楚国至此灭亡（见表）。

二、东汉楚王刘英

东汉仅一位楚王，即汉光武帝刘秀庶出的儿子刘英。据《后汉书》记载，公元 41 年，刘英在很小的时候就由楚公晋爵为楚王。公元 52 年刘英到彭城就国。公元 70 年刘英因被告谋逆而治罪，汉明帝以亲情不忍杀之，乃废刘英去王位。公元 71 年自杀于流徙地丹阳泾县，葬于当地。元和三年（86 年），许太后薨，朝廷派光禄大夫持节吊祠，又遣谒者备王官属迎刘英丧，改葬彭城，谥楚厉侯。公元 65 年，汉明帝刘庄给他的异母兄弟、楚王刘英写了一道诏书，通过诏书中的几十个字的记载，我们知道刘英为第一个尊奉佛教的诸侯王，彭城居住着由僧人、居士组成的僧团，这也是中国历史上最早出现僧团的记载。

三、西汉楚王墓

人有生就有死，生死乃人事。如何对待死亡，自始至终是人类关切的重大问题。徐州汉代遗存中汉墓占据了绝大多数。从伦理上看，丧葬是人情所致、礼俗所生；从政治上看，丧葬是身份表现、制度规定。徐州汉楚王墓群是研究汉代丧葬制度的极好标本。迄今为止，徐州周围已发现、发掘 9 处 19 座西汉王级陵墓，其中楚王山 2 座、狮子山 2 座、驮篮山 2 座、北洞山 2 座、龟山 2 座、东洞山

3 座、南洞山 2 座、卧牛山 1 座、西卧牛山 3 座。西汉楚王与楚王后墓发现大量高价值文物，资料丰富，相对系统完整，是研究徐州地域文化、两汉文化的重要资料。

1. 占山为王

由于墓主与家人的尊贵地位和财力雄厚，汉楚王墓在选址、陵园布局、建筑规模、建筑工艺上都非常讲究。北宋文学家、书画家苏轼在其《放鹤亭记》中称：“彭城之山，冈岭四合，隐然如大环。”这些大大小小的石灰岩山

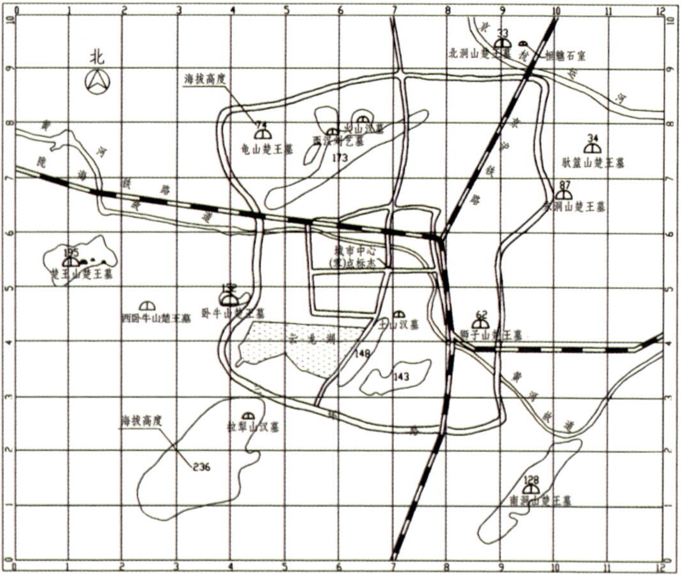

图七　徐州西汉楚王和王后墓分布示意图

体成为西汉楚王选择自己地宫的风水宝地，由此也构成了徐州汉楚王墓群整体布局的基本特点：环西汉楚国都城彭城分布；东有狮子山楚王墓，东北有东洞山楚王墓、驮篮山楚王墓，南有南洞山楚王墓，西部有卧牛山楚王墓、西卧牛山楚王墓，西北有龟山楚王墓、楚王山楚王墓，北有北洞山楚王墓（图七）。墓葬选址往往在小山头上，前面地势开阔，多有河流经过，如狮子山楚王墓、楚王山楚王墓、北洞山楚王墓等。

【狮子山楚王和王后墓】狮子山楚王和王后墓位于徐州市云龙区骆驼山办事处徐州市兵马俑路 1 号，西距城市零公里标志 4 千米，其陵园东起三环路，南至陇海线，西近京沪线，北迄骆驼山，占地面积 80 万平方米。狮子山楚王墓位于狮子山南麓。狮子山海拔 62.15 米，西、北分别与海拔 41.2 米的绣球山、海拔 54.3 米的羊鬼山相连，西北隔羊龟山为海拔 67 米的骆驼山，正西 1.5 千米为黄河故道。1984 年 12 月，狮子山西麓发现了兵马俑坑，后建成了“徐州汉兵马俑博物馆”；7 年后找到了兵马俑坑主人的墓葬——狮子山楚王陵。2002 年发现羊龟山汉墓及从葬坑。2004 年羊龟山汉墓被盗，经考察认定其为楚王后陵墓。该墓墓室精致，功能齐全，整个陵墓内壁涂满红色与蓝色，富丽堂皇，其色彩保存之好在徐州汉代王陵中为仅见（图八）。

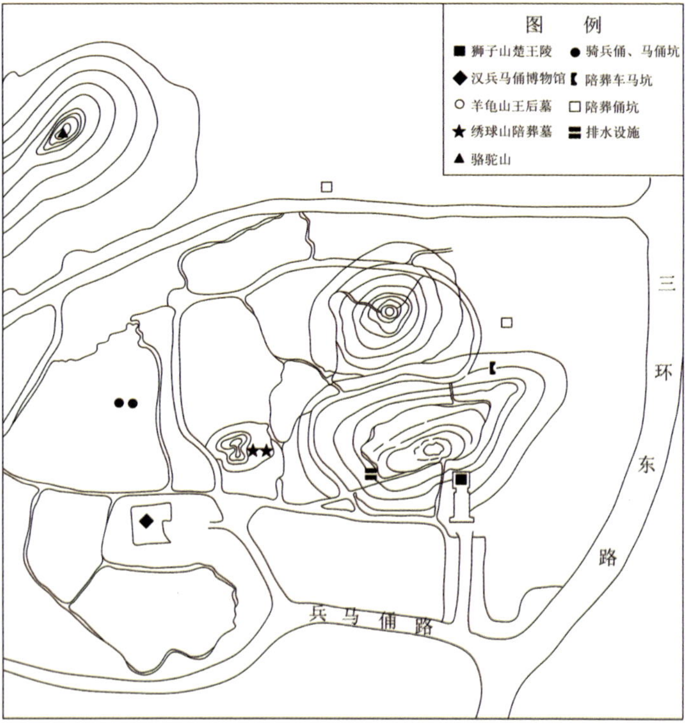

图八　狮子山楚王和王后墓陵区示意图

宋辽金至明清，黄河频繁泛滥，带来大量泥沙，抬高了狮子山周围，特别是以西一带的地势。明天启四年（1624年）开始，徐州城被洪水淹没了3年，淤沙堆积达2.5米，大大抬高了狮子山一带的地势。古代河道宽阔，有的地段甚至达1～2千米宽。可以想见，在古代，狮子山与故黄河形成山水相依的地势，非常壮观，与楚王山汉墓群地势有某种相似之处，形成枕山面水之势，与汉代“藏风聚气”的墓葬选址理念十分吻合。

【楚王山楚王墓】楚王山是徐州西部一道山脉，主峰海拔高 195.4 米，略呈东北、西南走向，距徐州城市零公里标志 10.5 千米。楚王山为徐州历史名山，自古以来多种文献有记载。《水经注》记载“经十余坟”。经过调查，现明确有大型墓葬 4 座，其陵区北线在现公布的保护范围北线以北，南线当以山脊为界。历经 2000 余年，楚王山汉墓群地貌和周围环境已发生了很大变化。楚王山西 5 千米有义安山，北侧则有古汴水（汉时为古获水）自西向东流淌，在楚王山北麓形成山水相依的地势。黄河频繁泛滥，带来了大量泥沙，抬高了楚王山周围特别是以北一带的地势。楚王山以北地表为黄河淤沙地，沙土地厚约 5 米，表明了楚王山北侧的淤积厚度。楚王山北原有河道非常宽阔，河道上有古闸、码头，山下闸口村村名即源于此。楚王山汉墓群即处于古汴水南的楚王山北麓，古闸、码头距楚王山也仅 300 ~ 400 米。可以想见当年楚王山一带高山大河非常壮观，景观是异常美丽的。

【北洞山楚王墓】北洞山楚王墓位于京杭大运河北岸，津浦铁路西侧的铜山区茅村镇洞山村，距城市零公里标志 8.6 千米。因该村位于徐州市北，俗称北洞山村。村中有三座山头，东南一山称桓山，山中有一横穴岩洞墓，早年被盗，墓道两壁上有不少后人题记，传为宋大夫司马桓魋墓。经现代学者研究，证实该墓为北洞山楚王之王后墓。村中部有南、北二山，南山即北洞山楚王墓所在山头，北山即今后楼山。以秦始皇泗水捞鼎而得名的秦梁洪在其附近，古泗水与北洞山村的南山、桓山形成山水相依之势，

图九　北洞山楚王墓出土铜半两钱范

墓前地势开阔。

1954年，洞山村村民牧牛时发现主体墓室西侧室顶部的盗洞，取出了“楚宫司丞”“虹之左尉”铜印、四铢半两钱范（图九）、陶俑、玉璧等随葬器物，华东文物工作队等单位征集了这批文物，并曾予以报道。“文化大革命”期间，村民进入墓中“破四旧”，砸坏许多陶质文物。1978年，村民耕种时发现附属墓室，取出包括“襄贲丞印”和“家奴院工”印及陶俑在内的一批随葬器物，徐州博物馆、铜山县文化局陆续予以征集。1980年，村民在封土南约10米处挖取石料，再入其墓，取出各种陶俑30余件，还有石磬、井栏等。1986年，徐州博物馆和南京大学历史学系对该墓进行了发掘，确定了北洞山汉墓为一座规模巨大、结构复杂的汉代楚王墓。

2. 墓葬形制与结构

就目前已发现、发掘的西汉楚王墓来说，尽管大类相同，差异却是明显的，且存在前后继承关系。根据其建筑结构和内部装饰特征，可分为五式。

I式　带横穴天井崖洞墓，为狮子山楚王墓，明显带有从竖穴墓向横穴崖洞墓过渡的特点。墓道分内外两段，外长内短，收分明显。天井位于中央，且棺床不像其他楚王墓那样放在后室。狮子山楚王墓似没有完成，除甬道较为工整外，其余各室均没有完成。

Ⅱ式　　横穴崖洞墓，室内经过打磨、装饰。有羊龟山王后墓、驮篮山楚王墓、驮篮山王后墓、北洞山楚王墓。没有天井，没有内墓道，墓道较长且宽，墓内各室完全模仿当时的地面建筑开凿，室数较多，功能齐全。室顶形式有平顶、两面坡顶、四面坡顶、盝顶等。室内的装修程序为开凿成较规整的墓室后，先打磨，使壁面、顶面基本平整，再抹多层墙泥，最后涂朱或髹漆。

Ⅲ式　　横穴崖洞墓，室内有瓦木建筑。有西卧牛山楚王和王后墓、龟山楚王和王后墓、东洞山楚王和王后墓、南洞山楚王和王后墓。墓道平面呈喇叭形，且比Ⅰ、Ⅱ式短，甬道较Ⅰ、Ⅱ式细长。室壁、顶面较为粗糙，凿痕明显。重要的墓室内有瓦木建筑。墓顶形式较为简单，尽管也有平顶、两面坡顶、拱顶、穹隆顶等，但不规整。其建筑程序为先开凿出各室，再在前堂、中厅、后室等功能较重要的室内，用瓦木等材料构筑墓室内房屋。由于重要的墓室壁面、顶面多被瓦木建筑隔挡，装饰面主要在瓦木建筑上。与Ⅰ、Ⅱ式相比，Ⅲ式还有两个特点：第一是同茔异穴合葬墓，两墓穴之间有的有通道相连接，如西卧牛山楚王墓、龟山二号汉墓、南洞山汉墓；第二是大室内有擎天柱，也称“中柱”，如西卧牛山楚王墓、龟山二号楚王墓、南洞山楚王墓、东洞山楚王墓。

Ⅳ式　　横穴岩坑墓，为楚王山楚王墓。形状为“甲”

字形（见图十三），有斜坡墓道，分内外两段：外墓道两侧有 4 个耳室，墓道南壁凿刻细致；内墓道较短，内墓道后部有一主室，主室规模庞大，东西长 11.05 米、南北宽 8.05 米、高约 9 米。室顶用大条石券筑而成，券顶条石东西排列，每列 11 块。

V 式　　横穴崖洞墓，底部铺以石板，为卧牛山楚王墓。该墓长喇叭口形墓道，其他已知喇叭口偏短。甬道同Ⅲ式，但较之偏短。前甬道与前室连接。前室北连后甬道，后甬道北连后室（主室），后室南北长 6.6 米、东西宽 5.6 米、通屋脊高 4 米，为两面坡顶，底部铺以石板。室内散乱放置板瓦、筒瓦。后室原应搭建有瓦木建筑，各室四壁凿制平整，与Ⅲ式不同。

龟山楚王墓由于出土了一枚墓主人银印，从而证明该墓为西汉第 7 位楚王刘注与其王后的合葬墓；卧牛山汉墓出土了“大泉五十”“大布黄千”铜钱，墓室底铺石板，该墓当是西汉最后一位楚王刘纡或其王后的墓。通过上述排比分析，我们可得出西汉楚王墓和王后墓的先后顺序，它们依次是狮子山楚王墓和羊龟山楚王后墓、北洞山楚王墓和“桓魋石室”、驮篮山楚王墓和楚王后墓、西卧牛山楚王墓和王后墓、龟山楚王墓和王后墓、东洞山楚王墓和王后墓、南洞山楚王墓和王后墓、楚王山楚王墓、卧牛山楚王墓。五式之间的前后继承关系是：I 式最早，时间在汉文帝继位之初的公元前 179 年前后；Ⅱ式次之，时间为汉文帝五年（前 175 年）至汉景帝六年（前 151 年）；Ⅲ式、Ⅳ式第三，时间在汉武帝元光六年（前 129 年）至汉末；Ⅴ式在王莽时期。

3. 走进地宫

西汉楚王生前为一方诸侯、王国之君，死后地宫也要“藏风聚气”，占山为王；建立恢宏的陵园，开凿巨大的地宫，以作为其冥界的安身之所。地宫形制不同，结构复杂，其中狮子山楚王墓、北洞山楚王墓、龟山楚王墓最具代表性。

【狮子山楚王墓】狮子山楚王墓位于狮子山主峰南麓，坐北朝南，墓向 188 度，由外墓道、内墓道、天井、耳室、甬道、侧室、棺室、后室及陪葬墓等部分组成。墓室皆平顶，墓壁与顶部呈弧形自然衔接，采石量达 5000 立方米。尽管该墓在墓道、耳室、侧室及后室等多处都可看到未完成的痕迹，但其规模庞大、气势恢宏、结构奇特，令人叹为观止（图十）。

外墓道因宽度不同又可分为前后两段。前段，斜坡长 27.6 米、宽 9.15 米、深 0.5 ~ 9.2 米。后段，即连接天井、内墓道与外墓道宽段部分，长 20.3 米、宽 3.45 米、深 9.2 ~ 13.4 米。该段墓道两壁裂隙部分用石料砌填，两壁平整，平底，做工精细。其北端东侧底部发现“食官

图十　狮子山楚王墓外景

监”陪葬墓，出土铜、铁、玉、陶器等随葬品 41 件。在西侧墓道壁下，发现彩绘陶俑 25 件。天井位于外墓道北端的内墓道上部，长 18.65 米、宽 13.2 米，南端深 8.45 米、北端深 10.9 米。内墓道两侧有三间耳室，西侧两间分别

图十一　狮子山楚王墓 W1 府库（局部）

编号为 W1、W2，东侧一间为 E1。

E1 平顶，在室内东北角凿挖一浅池，象征水井。从出土物看，应为庖厨间。出土有陶器、铜铁器及封泥和禽、兽骨骼等。W1 出土遗物有铜器、铁器、玉器、漆器类器物及封泥等，似为府库（图十一）。W2 亦为贮藏间，多出土盥洗及炊事用具等，还出土了粮食炭化物、鱼骨及封泥等。

甬道，在塞石书铭中称“简道”，总长 39.36 米，用四组 16 块塞石封堵，每组 4 块，“田”字形排列，南端塞石占去 10.26 米（图十二）。甬道两侧凿有耳室，东侧 5 个自南至北依次为 E2 ~ E6，西侧 3 个依次为 W3 ~ W5。甬道内积土不多，盗墓者弃置的器物及残片散乱堆积，有金、银、铜、铁器物及残陶、石、玉器等。

E2 出土大批铜钱等，似为钱库。E3 出土残陶俑、残铜镜片等。E4 清理出舞人、觿、鸡心佩、珩、耳塞、鼻塞等玉器及铜镜、带钩等，还清理出牙齿 3 颗。该室应是女性陪葬墓。E5 盗掘严重，只清理出陶器残片及铁凿。E6 似为棺床，室长 4.58 米、宽 3.4 米、高 1.97 米，出土玉璜、玉鼻塞等少量遗物。在该室东壁下清理出死者的头骨和肋骨，在南壁下发现有股骨和骶骨，经鉴定死者为男性，年龄 35 ~ 37 岁，当为墓主人。W3 出土有铜镜、

图十二　狮子山楚王墓内墓道及甬道

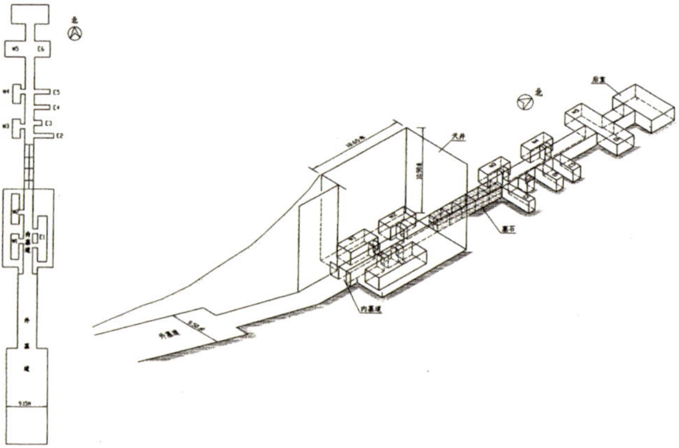

图十三　狮子山楚王墓平面示意图及透视图

铁甲片等，似为贮藏室。W4 出土有铜印、铜带钩及两件玉龙，似为贮藏室。W5 室内出土遗物最为丰富，有璧、璜、龙形佩等玉器，以及成组图案的木棺所镶碧玉片，墓主的下颌骨就出土在该室中部。后室与过道出土有石磬、瑟枘等乐器，以及玉泡钉、铜镞、铁甲片等，该室似为宴饮乐舞厅（图十三）。

【北洞山楚王墓】北洞山西汉楚王墓坐北向南，墓向180度，由墓道、主体建筑和附属建筑三部分构成，其结构复杂，错落有致，有不同功能的墓室 19 个和小龛 7 个。墓道露天开凿，上面原夯筑封土，北端近墓门处为墓道残存封土的最高处，高 4.85 米。墓道底部基本呈水平状，已经清理的部分长45米。整个墓道自南向北可分为前、中、后三段（图十四）。前、中段以一对土墩为界，土墩以南为前段，宽5.73～5.83米，已清理26米。距土墩南14米处，有一级深0.4米的台阶。墓道两壁以原生软质岩石为主，壁面进行过处理，部分壁面上涂一层白垩土，或镶贴绳纹瓦片，或填以石块、土坯。这段墓道底部以夯土填实。两个土墩之间间距2.35米。土墩长1.42米、残高1.65米。土墩以北为墓道中段，宽3.5～3.65米、长13.27米。两壁为原生山石，裂隙及风化剥落处以石板、瓦片贴砌平整。墓道中段南部的9米也以夯土填实。东、西两壁开凿

图十四　北洞山楚王墓墓道

图十五　北洞山楚王墓壁龛彩绘陶俑

小龛 7 个，其中西壁 3 个、东壁 4 个。小龛大小相近，南北长约 1.9 米、东西宽约 0.9 米、高 0.9 ～ 1 米，平顶，龛口均以石板封堵。每龛内置彩俑 30 件左右，7 龛共出土彩绘陶俑 224 件（图十五）。中段东壁的北端有一宽 1.82 米的门洞，为附属建筑的入口处。

墓道后段北端与墓葬主体建筑的墓门相连。墓道后段及中段的北部均以三列三层塞石封填，塞石大小不等，均有榫卯，重量在 3 ～ 7.8 吨之间。在塞石缝隙间出土了玉衣片、玉饰件残片、石磬、铜印章和大量的半两钱（图十六）。墓道后段距墓门 1.7 米处的东、西两壁各开凿一间耳室，两耳室大小、形状基本相同，平面呈长方形，平顶，有门道与墓道相通。两耳室中部都出土有半两钱，并有大面积漆器残迹。

主体建筑“凿山为藏”，由墓门、前后甬道、东西侧室、廊、二厕间、前室和后室等部分组成。墓门朝南开，宽 2.46 米、高 1.98 米。墓门内南北全长 21.3 米。前甬道长 8.15 米、宽 2.14 米、高 1.96 米，平顶。前甬道近墓门处东、西两侧各有一个四坡顶的侧室，大小基本相同。室内南北长 3.6 米、东西宽 1.94 米、高 2.14 米。西侧室内出土了金带钩、金耳饰、玉衣片、透雕玉饰、铜带钩等，并有大量漆器残

图十六　北洞山楚王墓耳室前塞石上被盗半两钱散落情况

迹。前甬道有双列双层 8 块大型塞石，每块长 2.7 米左右，高、宽均为 0.98 米，重 7 吨左右。

前室两面坡顶，东西长 9.1 米、南北宽 3 米、通脊高 3.53 米，面积 27.3 平方米（图十七）。室内出土玉衣片、金缕、玉饰和铜印章等。在前室的东北角有两个厕间，两厕间大小基本相同。以西厕间为例，南北长 2.4 米、东西宽 1.9 米、高 1.9 米，面积近 5 平方米，中部偏西侧地面上凿一“凹”字形的蹲坑。前室的北面有长宽均为 2.07 米、高 2 米的后甬道。后甬道原有塞石 4 块，上下各 2 块，大小与前甬道的大型塞石相同。在塞石的缝隙中也发现有玉衣片。后甬道北为后室门道，其后是置棺椁的后室，呈南

图十七　北洞山楚王墓前室

图十八　北洞山楚王墓后室

北向长方形，两面坡顶，南北长 5.12 米、东西宽 2.87 米、通脊高 3.44 米，面积 14.69 平方米（图十八）。

主体建筑的甬道和各室的室顶及墙面均用混合土涂抹平整，外髹漆涂朱砂，连厕间也不例外。在东、西侧室的地面上也有髹漆涂朱砂的痕迹，可见当年整个墓室一片朱红，十分绚丽。

附属建筑位于主体建筑的东南，与主体建筑相连，是在山坡上开凿石圹后以石材砌筑而成，仅少数自然石质较好的部位开凿后直接用作墓壁。附属建筑总面积约 335 平方米，低于墓道与主体建筑 2.98 米。

附属建筑的西北角为甬道，正东西方向，与墓道垂直相交，长 4.6 米、宽 1.82 米、高 2 ~ 2.7 米。甬道底部凿成 12 级台阶向东向下延伸，最下一级台阶部分伸入一室门道内，台阶下降坡度约 35 度，下降总深度 2.98 米。两侧壁为开凿而成的石壁，局部加砌石材。顶部以条石砌建成斜坡状，下降坡度较小。甬道内的扰乱土和石块中出土了铜铺首衔环、铜鐎壶、铜弩机和半两钱。

附属建筑有墓室 11 间，自北而南分为四进，整体布局大致呈长方形。第一进两室，一室东西长 10.8 米、南北宽 2.78 米（图十九），室内出土有铜弩机、铜箭镞、铁剑、铁戟和大量残碎仪卫俑等。二室东西长 7.4 米、南北宽 2.78 米，室内有丰富的漆器遗迹和大量残破陶器。

图十九　北洞山楚王墓附属建筑第一室

第二进三室，三室南北长 3.1 米、东西宽 2.34 米。室内以空心砖的隔墙将三室分隔为内外两间，内间为厕所，外间推测为盥洗间。四室东西长 2.83 米、南北宽 2.3 米，地面上有漆器残迹。五室东西长 15 米、南北宽 3.1 米，面积达 46.5 平方米，是整个墓葬中最大的一间。遗物多集中分布在室内东部，有玻璃杯、铜镜残片、小型铜编钟、石磬残片、陶瑟和大量残碎的乐舞陶俑等。

第三进三室，西端为六室，室内东西长 3 米、南北宽 2.3 米，西北角原砌一砖灶。室内东南角发现已炭化的谷物和陶器碎片。七室位于三进的中部，东西长 11 米、南北宽 2.3 米，室东北角开凿一方形水井，出土遗物多为残碎陶俑以及一些陶器残片。八室南北长 6.22 米、东西宽 2.52 米，以空心砖隔墙将八室分隔成内外两间，内间也为厕所，外间北部有大量木炭堆积，最厚处可达 0.35 米，另有少量残碎陶俑。

第四进计三室，西部为九室，室内东西长 5.85 米、南北宽 2.3 米。正对门道的东南角砌一砖灶，发现釜甑残片、动物骨骼和陶俑残块。十室在九室和十一室之间，十室东西长 5 米、南北宽 2.3 米，此室地面低于其他各室地面 1.38 米，因此显得格外幽深，内堆积大量炭化物。

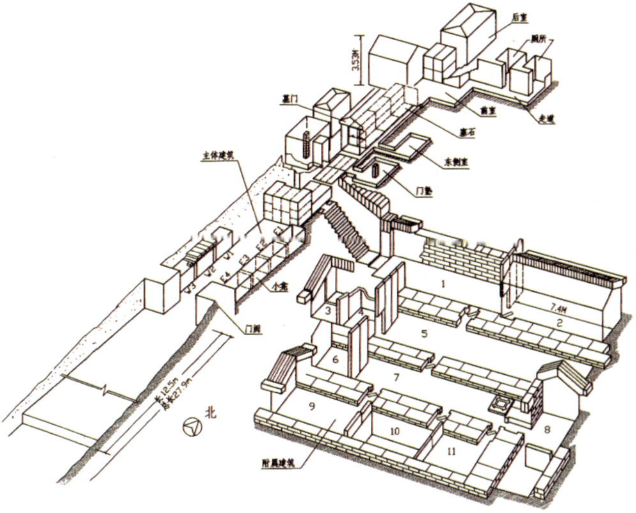

图二十　北洞山楚王墓透视图

十一室东西长 3 米、南北宽 2.3 米，墓室东南角原亦砌一砖灶，发现有陶缸碎片、陶俑残片和其他陶器残片（图二十）。

附属建筑的隔墙和外围墙壁多以条石叠砌，除十室外，一般叠砌 9 层，个别部位叠砌 8 层或 10 层。十室因为较深，南北两壁的条石分别为 16 层和 17 层。每进内以巨大的石板筑砌，分隔为不同的室。墓室顶部以条石砌筑成两面坡式，内脊大多数距地表 2.9 米左右，十室则达 4.25 米。地面都是在原生山石中开凿形成的，不甚平整。每个门道或门框顶部均凿有规整的门窝，地面上的相应部位亦开凿门臼。根据清理门道时发现的板灰痕迹和铜泡钉推测，各室原皆装木门。

【龟山楚王墓】龟山楚王墓为大型横穴式崖洞墓，方向 270 度。整个墓葬由墓道、甬道和墓室三个主要部分构成。墓道为墓外露天通道，开凿在龟山西麓山脚下，甬道开口于山腰下侧，甬道西连墓道、东接墓室（图二十一）。甬道、墓室全部凿筑在山中，东西全长 83.5 米，墓室南北最宽处 33 米。北面的墓道长 10.5 米，西端宽，东端窄，平面呈喇叭形。清理墓道时发现有 9 块大条石作东西向排列。这种大条石与遗留在甬道中的大条石体量、形状完全一致，应是作为封塞甬道的塞石而被早期盗墓者拉出甬道留置在墓道中的。在塞石的周围清理出“V”字

图二十一　龟山楚王墓南甬道

铁桦冠3件、五铢铜钱1枚，以及绳纹筒瓦、板瓦和陶盆、陶盒、陶罐、陶碗等器物的残件，还有鎏金的铜饰品碎片等。这些器物，皆具有西汉时期的特点。其中除部分为当时凿墓工具外，大多是墓内被盗出的随葬品碎片。南墓墓道位于北墓墓道南14米处，与北墓墓道的结构相同。南北墓道西部均未发掘。南墓道底部设有排水沟、正三角形的渗水井，主要是排除墓道及甬道、墓室中的部分渗水。

甬道两条，皆作长隧道形。南墓甬道宽1.06米、高1.78米、全长56.2米，以中间耳室为界分为前后两段。前段自甬道口至中间耳室西壁长28米，甬道内填满塞石；后段自中间耳室西壁至主室长 28.2 米，仅在靠近中间耳室处有一组塞石。南墓甬道内共发现塞石 26 块，排列方法为单列双层。由甬道口向内依次顺编为 1 至 13 组，每组上下 2 块；其中前段 12 组 24 块，后段 1 组 2 块。

塞石上刻有铭文、朱书文字及画像。铭文镌刻于塞石的前后两端，是用工具直接在石面上凿刻而成，字边未经修整，有明显的崩裂痕迹，有的还在刻铭内填以朱红色。在 26 块塞石中，有 14 块发现有朱书文字。铭文内容可分为两类：一是塞石的编号；二是位于第一组上层前端的刻铭。包括两部分：前一部分“第百上石”4 字，属塞石编号；后一部分 44 字，分 9 行，每行 3 ~ 7 字不等，下面分行标录：“楚古尸王通于 / 天述葬棺郭 / 不布瓦鼎 / 盛器令群 / 臣已葬去服 / 毋金玉器后 / 世贤大夫幸 / 视此书□ / 目此□也仁者悲之。”

朱绘画像仅在第五组下层后部发现一幅，为一虎形。画面长 70 厘米、宽 50 厘米。虎长尾，身上有曲折形斑纹，作奔走回首状。因塞石缺损，虎形头部略残。

南北甬道壁凿刻精细，四壁面全经打磨，表面光滑平整。从外到里尺寸几乎一样，相差仅 1 ~ 2 厘米，方向也非常准确，为正东西向。石裂隙处均以大型平整石块镶补。地面两侧均设有排水沟，内外段排水沟相连。排水沟西连墓道排水沟，东接墓内排水沟，沟深 10 厘米左右，中间与耳室排水沟相连，形成一完整的排水系统。北甬道情况与南甬道相似。

墓室共 15 间。北甬道发现一南耳室，南甬道发现三耳室，其余都穿凿在甬道之后。这十一室连成整体，有过道互通。由于各室的作用不同，故面积和结构亦不一样。为了叙述方便，现以北甬道进入的次序，由西向东、由北向南依次编号，分述如下。

第一室：耳室，长 4.3 米、宽 3.4 米、高 1.8 ~ 2.2 米。拱形顶，室底高出甬道地面约 10 厘米。第二室：位于北甬道后，是整个墓葬最北的一个侧室。平面略呈长方形，长 6.2 米、宽 5.6 米、高 2.2 米。室内凿一擎天柱。第三室：

图二十二　龟山楚王墓第三室

图二十三　龟山楚王墓第七室

紧接北甬道之后，平面呈长方形，长 7.65 米、宽 5.8 米、高 2.3 ～ 2.8 米。室内中部亦凿一擎天柱，柱上部近顶端 20 厘米处，南北两边的中间各凿一大乳钉。拱顶，顶上亦凿有 13 个大乳钉（图二十二）。第四室：位于第三室之东。室内平面呈长方形，长 4.6 米、宽 3.7 米、高 3 米。第五室：位于第四室之后，与第四室有过道相通。室内平面呈长方形，长 5 米、宽 4 米。拱顶，顶中脊高 2.85 米，南北两壁高 2.4 米。第六室：位于第三室之南、第七室之西，与第七室、第八室连成东西一线，室内长 6.5 米、宽 4.1 米、中脊高 3.8 米、两壁高 2.7 米。第七室：在第六室、第八室的中间，是此墓 15 个墓室中最大的一室。平面呈长方形，室内长 9.9 米、宽 6.5 米。两坡式室顶，中脊高 4 米，两壁高 3 米（图二十三）。第八室：位于第七室之后，有过道相通。室内长 6.3 米、东西宽 3.8 米、中脊高 3.7 米、南北两壁高 2.7 米。第九室：位于南甬道之后，其东北角有第十室；南部有第十一室、第十二室；北部与第七室相通。两坡式室顶，平面呈长方形。室内长 7.9 米、宽 5.95 米、中脊高 3.7 米、两壁高 2.8 米。室中部偏北处有一擎天柱，柱断面呈方形，边长 80 厘米。此室南壁中部凿一龛井，龛内底下凿有一水井，井内积满清水，井底发现多类果品种子。此室地面低于第七室 30 厘米（图二十四）。第十室：位于第九室东北角，是 15 个墓室中面积最小的一室。平

图二十四　龟山楚王墓第九室

面呈长方形，长 2 米、宽 1.4 米、高 2 米。平顶。第十一室：位于第九室南壁中部，平面近方形，每边长 3.9 米。两坡式室顶，中脊高 3.2 米、两壁高 2.77 米。第十二室：位于第九室东南角，有过道与第九室相通。两坡式室顶，长 4.2 米、宽 4.1 米、中脊高 3.3 米、两壁高 2.65 米。第十三室：位于南甬道中部南侧，近方形，四角攒尖顶。南北长 2.2 米、东西宽 2.14 米、顶高 2.14 米、壁高 1.8 米。随葬器物 11 件，有 3 件陶俑、4 件陶马，皆面北而立，还有铁衔镳、铁环各 1 件，钩形铁器 2 件。第十四室：位于南甬道中部北侧，

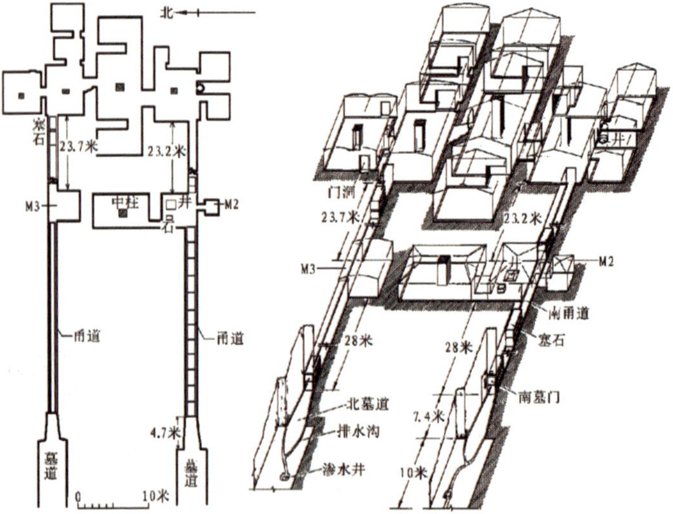

图二十五　龟山楚王墓透视图

将甬道分为前后两段。近方形，四角攒尖顶。东西长 4.8 米、南北宽 4.64 米、顶高 2.55 米、壁高 1.85 米。东北部有一浅斗形水井，该室仅在西壁处发现陶盆、陶俑各 1 件。第十五室：位于第十四室北侧，耳室长方形，盝顶。南北长 7.9 米、东西宽 4.4 米、顶高 2.4 米、壁高 1.85 米。顶部南北长 5.2 米、东西宽 0.72 米。中部偏南凿有一擎天柱。该室出土器物 12 件，有陶俑 1 件、陶马 6 件，皆面西而立，还有铁衔镳 1 件、钩形铁器 2 件及铜弩机、铁环各 1 件。第十三、第十四、十五室未被盗挠，其余各室均被盗掘（图二十五）。

第三节　天工汉玉

徐州出土玉器主要集中在新石器时代至汉代时期。汉代是中国玉文化发展的辉煌时期，两汉 400 多年，为徐州留下了大量珍贵文物，精美绝伦的玉器便是其中璀璨夺目的瑰宝，体现了自然灵蕴与人文精神的完美结合，代表了中国汉代玉器制作的最高水平。徐州出土汉代玉器从整体上来说数量众多、品种全面、质地优良、雕琢精美，有一部分为目前全国最好。举凡汉代丧葬、礼仪、装饰、生活（陈设）类玉器不仅数量丰富，而且都极其精美。

一、幻灭不朽——丧葬用玉

西汉早期的丧葬用玉主要有玉棺、玉衣、缀玉面罩、玉枕、玉九窍塞、玉琀和玉握等，战国风格比例较大。西汉中期丧葬用玉进一步发展，汉玉风格形成。西汉晚期丧葬用玉数量种类逐渐减少。

【雕玉为棺谜团多】人死不得复生，但是要有归处，要表达对死者的怀念之情，棺材是其载体之一。中国传统上喜爱以优质的梓木、楠木等材质制造棺材，所谓玉棺则最为尊贵。有人把镶贴或镶嵌了玉片的髹漆木棺称为“玉棺”，“玉棺”的定义有点过泛。玉片多为几何形，其组合而成的图案也是几何形的。玉片数量有多有少，满贴或绝大多数贴了玉片的可谓之玉棺，其他贴了玉片的髹漆木棺当谓之镶玉木棺。镶玉木棺不在少数，如广州南越王汉墓、永城梁王墓和王后墓、盱眙大云山汉墓、北洞山汉墓、徐州韩山汉墓、徐州火山刘和墓等，但是按照上述定义，目前国内发现可称作玉棺的仅有满城汉墓、狮子山楚王墓两口玉棺。

狮子山楚王墓发掘时，棺木朽毁，仅剩下一些木棺上的漆皮与大量玉棺上的玉片，玉片散落在西第五侧室（W5）、东第五侧室（E5）、甬道与盗洞中，其中前两处有玉棺局部原貌6组。总共出土了1781块青玉片；有正方形、长方形、三角形、菱形、三角内弧形及少量不规则形状；表面分素面、图案面，有的玉片带孔，图案面为单面；背面大多数有朱书文字，内容为位置与尺寸（图二十六）。

图二十六　W5 镶玉木棺遗存

图二十七　狮子山楚王墓镶玉木棺复原图

狮子山楚王墓玉棺复原工作充满了艰苦、乐趣与挑战，也给文物工作者带来了无限的遐想。复原后的玉棺由棺体与棺盖两部分构成。棺盖顶部由6排正方形、长方形大玉板平行排列；棺盖侧面四周为小长方形玉片，中间为菱形与三角形玉片填满。四周玉片有5孔，孔分布玉片四角与中间。棺体侧面下部三分之一与棺盖侧面排列方式、尺寸接近，中间有长方形空白。棺体上部三分之二部分以4组菱形、三角形玉片形成的竖条形分割为3个长方形块面。中间块面由方形、长方形玉片组成，块面四角与中间位置各饰玉璧图案，玉璧中间为透孔；两侧为空白竖长方形。玉棺头挡、足挡镶玉图案相同，其下部三分之一与侧面相近，只是短了一些。上部三分之二部分以两组菱形、三角形玉片组成的竖条分布两侧，中间由三角弧形玉片组成圆形空白图案。棺盖侧面四周五孔长方形玉片上原安装小金钉，金钉重约 6 克；棺侧璧形图案中间透孔镶嵌大金钉，金钉重 13 克。另有玉铆钉若干。使用玉片达 2095 片（图二十七）。

然而，看了复原后的玉棺，总感到有点别扭。怎么搬运呢？仅仅是外面富丽堂皇，玉棺里面呢？空白处仅仅是为了绘制图案？狮子山楚王墓出土的 97 件玉璜、24 件玉璧、8 件玉龙中就没有用于玉棺的吗？个别玉璧一面饰纹一面素面，少量素面玉瑗、玉璜，怎么使用？特别是一定数量的铜环铜铺首的存在，应该怎么个用法？这无疑都指向玉棺，形成了玉棺之谜。

看看江苏盱眙大云山江都王墓和王后墓的复原玉棺，结合狮子山汉墓的文物遗存，我们不难有上述想法（图二十八）。大云山江都王墓和王后墓的玉棺扰动相对较小，整体搬运到徐州博物馆文保中心进行修复，其内外皆富丽堂皇；江都王墓和王后墓的玉棺搬运提环多达 16 个，而修复后的狮子山汉墓玉棺上居然一个示意性的都没有。玉棺钉、金钉也没有反映出来。或许汉代盗掘玉器无法变现，玉器不是盗墓者的目标，发掘现场很多表面俯拾皆是的玉

图二十八　江苏盱眙大云山江都王墓和王后墓镶玉木棺复原

器没有盗走，更有甚者弃之盗洞中。总而言之，玉器丢失情况不严重，目前没有资料表明玉片主要贴于棺外。狮子山汉墓总共出土了 1781 片青玉片，玉棺复原使用玉片达 2095 片，两相比较多出 315 块为新玉片，约占 15%。狮子山汉墓玉棺比大云山王后墓玉棺大了许多，试想一下：少量补充玉片，玉棺体量小一点，玉片主要贴于棺内侧，棺外由铺首衔环、玉璧、玉璜及其他不好解释的玉器来装饰如何。

玉棺玉片背面有大量的尺寸标记，如“六寸左”“七寸右”，有研究者认为有的是置放的标尺与位置。玉片加工尺寸存在着规律性，即所有的玉片均是用基本标尺制作的。有实物及尺寸在，我们也可以反推汉代的尺寸，由于尺寸标记量大，这也为汉代度量衡的研究提供了重要资料。

【玉衣与永生】2007 年，徐州博物馆在奥地利雷欧本市博物馆举办了名为“金与玉”的徐州汉代文物精品展。2017 年，徐州博物馆在美国纽约市华美协进社中国美术馆举办了名为“楚王梦：玉衣与永生，徐州博物馆汉代珍藏”的展览。两次展览中，最为惊艳的是徐州狮子山楚王墓出土的金缕玉衣，玉衣由金丝穿缀精美的玉片而成，用以保护逝者尸身和彰显帝王来世荣耀，印证了中国人从新石器时代起就崇玉爱玉，赋予玉石以吉祥之意，广泛运用于高等级墓葬之中，并认为玉器能确保永生不朽。

玉衣是汉代皇帝和高级贵族死后穿用的玉制殓服，玉衣外观和人体形状相同。完整的玉衣由头罩、上衣、裤筒、手套和鞋 5 部分组成，每部分都由许多小玉片连缀而成。根据等级的不同，用于编缀玉片的线分别为金缕、银缕、铜缕或丝缕。满城汉墓 1968 年出土的 2 套金缕玉衣，是考古发掘中第一次发现的保存完整的汉代玉衣。1995 年，狮子山楚王墓出土的金缕玉衣则是目前质量最好的金缕玉衣。

狮子山楚王墓金缕玉衣时代最早，或可达公元前 179 年，即汉文帝早期；使用玉片最多，达 4000 多片，而一般玉衣仅 2000 多片；玉质最好，全部使用新疆和田青白料加工，玉质温润；工艺最精，玉片表面光洁度高，四边倒棱，小而薄。该玉衣被中国社会科学院考古研究所卢兆荫研究员评价为“目前发现质量最好的玉衣”。徐州狮子

图二十九　狮子山楚王墓玉衣　图三十　狮子山楚王墓玉衣头部

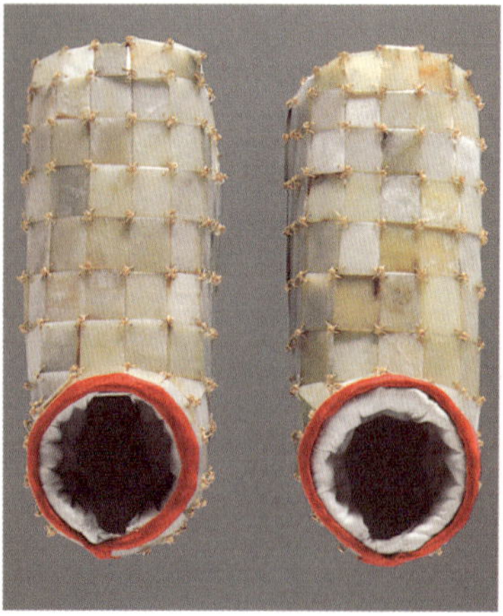

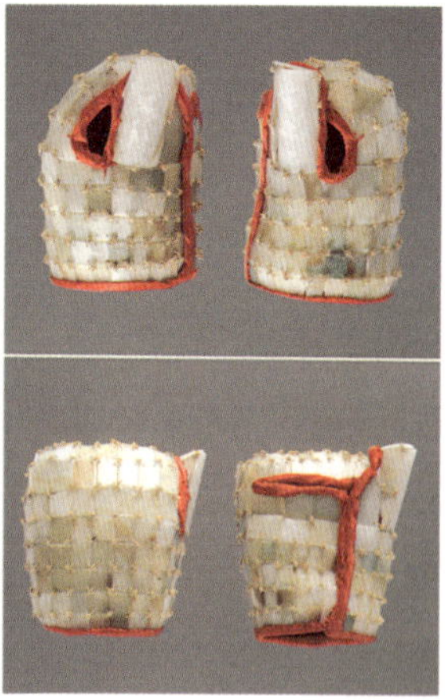

图三十一　狮子山楚王墓玉衣足部　图三十二　狮子山楚王墓玉衣手部

山西汉楚王墓金缕玉衣出土时玉片散乱破碎，有的断为数块，有些孔被拉脱。复原时，先对头罩、上衣、裤筒、手套、鞋五部分典型玉片进行仔细辨认拼凑，测量金丝纯度与直径，确定缺少玉片的数量与尺寸；加工金丝与玉片，解剖练习穿缀方法。经 20 个月的连续工作，终于使这件国之重宝恢复原貌。复原后的金缕玉衣长 175 厘米、肩宽 68 厘米，使用玉片 4248 片，其中补片 432 片，穿缀金缕重 1576 克（图二十九至图三十二）。

狮子山楚王墓金缕玉衣被盗墓者从墓室拖至天井盗洞内，在塞石上抽取金丝，金丝几乎全部被抽走，玉片散布于拖到内墓道的塞石上与塞石间的缝隙中，不少玉衣片在抽金丝时被损坏。金缕玉衣的出土情况纠正了玉衣由缀玉面罩、缀玉衣服发展而来的认识，说明衣玉并非从早期头、手、足等人身少数部位使用发展到全身，存在突变与局部整体并存的现象，也说明了盗墓者要金不要玉的情况。

【丧葬用玉举例】北洞山楚王墓出土鳞甲状玉衣片与一般玉衣大面积用方形、长方形玉衣片不同，主要为“凸”字形，“凸”字形玉衣片上有 7 个透孔（图三十三）。玉质好，半透明，工艺精，加工难度大。火山出土的西汉刘和银缕玉衣也是全国仅有的几件完整银缕玉衣之一，该墓古代没有被盗扰，保存相对完整，时间在西汉早期。此外，徐州还出土了韩山刘婞墓彩绘银缕玉衣、拉犁山一号东汉

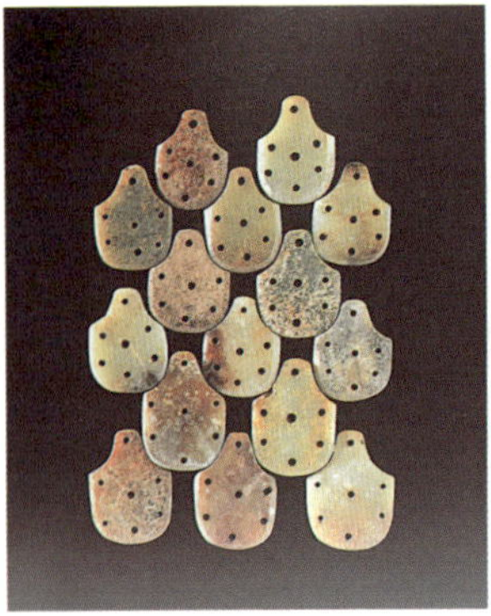

图三十三　北洞山楚王墓出土玉衣片

图三十四　徐州后楼山五号汉墓玉面罩

图三十五　狮子山楚王墓陪葬墓“食官监”玉枕

墓的铜缕玉衣、拖龙山刘习墓彩绘玉衣（套）、子房山三号汉墓玉面罩、后楼山一号汉墓玉面罩、后楼山五号汉墓玉面罩（图三十四）、铁刹山西汉玉面罩等；玉枕有徐州狮子山楚王陪葬墓“食官监”玉枕（图三十五）、后楼山一号墓西汉玉枕、火山西汉刘和墓玉枕、韩山刘婞墓玉枕等。

二、遵礼仪俗——礼仪用玉

所谓礼仪玉器是主要用于祭祀、朝聘、会盟等礼仪活动中的玉器，简称“礼玉”，亦称“祭玉”“瑞玉”。汉代礼仪玉器虽然延续了周代的传统，但已远不如周代普遍和严格，器型也较少，主要有璧、圭、璜、戈、稍等。其中玉璧所占比例较大，亦用于丧葬。

狮子山楚王墓共出土玉璧 24 件，其中白玉璧 17 件、青玉璧 7 件，分别发现于盗洞填土内、内墓道塞石上、塞石夹缝中、甬道和西侧第五室。由于该墓被严重盗扰，这些玉璧原来的具体位置不清楚。但其他地区诸侯王墓葬玉璧的出土位置可为确定狮子山楚王墓玉璧的埋葬情况提供一定的参考。河北满城中山靖王刘胜墓中出土了 25 件玉璧：棺椁之间放 4 件，棺床附近 1 件，后室南部 1 件，中室中部 1 件，玉衣内放置 18 件。刘胜墓未被盗扰，这些玉璧大多为饰棺用璧和敛尸用璧。由此可知，狮子山楚王墓出土的玉璧中应有不少丧葬用玉璧。

图三十六　狮子山楚王墓涡纹玉璧

狮子山楚王墓出土的涡纹玉璧，青玉质，直径25厘米，双面雕刻，应属丧葬用玉。该玉璧不是饰棺玉璧，很可能是楚王的敛尸玉璧（图三十六）。

狮子山楚王墓出土夔龙纹玉璧，青玉质，直径22.5厘米。璧分内外两区，内区为涡纹，外区为夔龙纹。夔龙纹结构奇特，刻画龙头四组，雕出额头及鼻梁，嘴不明显，鼻下部两侧有两条粗阴线，龙头上有两条飘带向两侧延伸，与细而长的龙身缠绕。这类玉璧在内区或为蒲纹。根据该玉璧的尺寸和位置推测，其应为楚王的敛尸玉璧（图三十七）。

图三十七　狮子山楚王墓夔龙纹玉璧

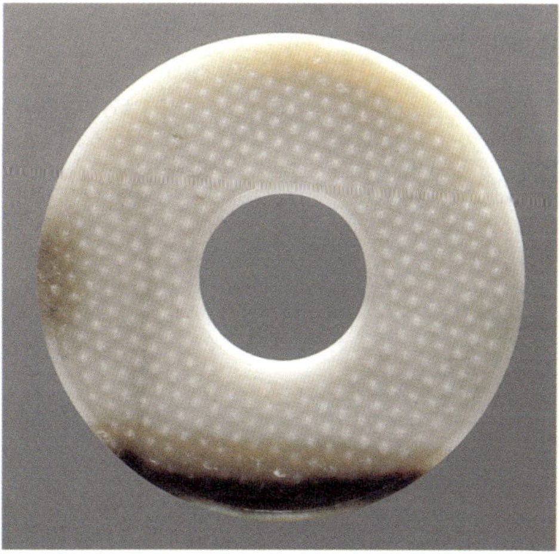

图三十八　狮子山楚王墓出土谷纹玉璧

狮子山楚王墓出土谷纹玉璧，青白色，新疆和田玉，玉质温润，直径 14 厘米。玉璧正面为谷纹，背面素面。战国时期流行谷纹玉璧，其谷粒似旋涡，排列紧密。汉代谷纹璧则不同，谷粒小而圆，凸起较高，排列稀疏。该玉璧虽然雕琢精细，但背面无纹饰，作为佩戴玉璧的可能性较小，当为玉棺上饰件，镶贴于玉棺外面（图三十八）。

狮子山楚王墓出土玉戈，青灰玉质，新疆和田玉，质地细腻，色泽温润，宽 17.2 厘米、高 11.2 厘米。玉戈短援、长胡，胡刃上有两棘刺，刃厚 0.35 厘米。阑侧三穿，方形内，内上有一横向穿孔。援及胡部主体饰以浅浮雕的勾连云纹。援、胡之下透雕一只动感极强的螭虎。玉戈主体两面纹样

图三十九　狮子山楚王墓玉戈

图四十　狮子山楚王墓玉饰

相同。玉戈造型别致，纹饰精美、动物形象生动传神，为西汉玉雕艺术品中的上乘佳作。商周时期礼兵玉器常见而简单。到了汉代，玉戈罕见，全国仅曲阜九龙山西汉鲁王墓与永城芒砀山西汉梁王墓各出土 1 件，但无法与这件玉戈媲美（图三十九）。

狮子山楚王墓出土玉饰，色泽泛青，新疆和田白玉，长 21.5 厘米、宽 4.2 ～ 7.2 厘米。略呈铲形，周廓以阴线刻双线“S”纹。玉饰前端透雕螭龙，龙身弯曲于铲身梯形框内。铲形体前端和一侧透雕变形卷云纹图案。有短柄，柄上有一圆孔。从该器后端短柄有穿孔判断，玉饰安装在某种器物上，或有长柄，当属礼仪用玉（图四十）。

三、温润如玉——装饰用玉

装饰用玉主要分为佩玉及器物上的装饰玉两类。装饰用玉品类丰富，造型和纹饰多样。汉代佩玉在继承先秦风格的基础上发展出了自己的特色。佩玉有组佩和单佩之别，组佩常见的有璧、环、璜、珩、珑、舞人、觿、冲牙、韘及管、珠等各种组合，单佩有璧、环、蝉、韘、龙等。佩玉既是装饰品，也是身份、财富、道德与人格的象征。

狮子山楚王墓出土玉龙多件，新疆和田玉。其中一件白色半透明，有玻璃光泽，长 17.5 厘米、宽 10.2 厘米。出土于西侧第五室。玉龙卷曲，呈“S”形，又称“S 形龙”；扬须目睁，前肢弯曲，爪趾尖锐，龙尾后卷向上并平削，通体饰勾连涡纹。该玉龙继承了战国玉龙的雕琢风格，用阴线刻、浮雕和局部透雕等技法。玉龙眼睛下方有一钻孔，为佩戴时的系穿用孔，表明这件玉龙为佩饰（图四十一）。在狮子山楚王墓甬道中还出土一件“S”形玉龙，与上述“S”形玉龙造型接近，但体量略小，系穿透孔在龙头顶部，龙体修长，尖尾卷曲。

狮子山楚王墓出土玉璜 97 件，其中 1 件细腻温润，器身素面磨光，新疆和田玉，残为 3 块，现已黏合。长

图四十一　狮子山楚王墓“S”形玉龙

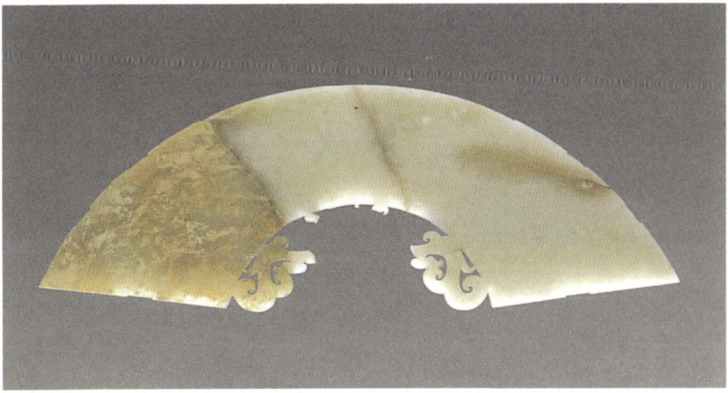

图四十二　狮子山楚王墓玉璜

34.3 厘米、宽 11 厘米。玉璜正中顶部钻有配挂用的小孔。玉璜外缘和两侧皆减缘而形成牙槽，内缘有凸出连续的透雕纹样，可惜部分纹样已残失，原来雕琢的应是龙凤纹。该器是目前已知体量最大的玉璜，但整个璜给人以未完工的感觉，抑或有作为葬玉装饰在器物上的可能性（图四十二）。

狮子山楚王墓出土龙凤纹玉璜，新疆和田白玉质，浅浮雕，长 21.1 厘米、宽 4.2 厘米。璜体上下两侧和两端皆减缘形成牙槽。玉璜两面纹饰相同，每面以穿孔为中心，中间为兽面纹，两侧各雕一龙。龙身外各雕四蟠龙。两面共雕 20 条龙、4 只凤鸟和 2 个兽面，不留空白（图四十三）。

东洞山二号楚王后墓出土龙凤纹玉环，黄白色，新疆和田玉，直径 7.9 厘米。整环以 3 条虺龙蟠绕而成，环身透雕有熊、凤鸟及卷云纹（图四十四）。

装在剑柄与剑鞘上镶嵌的玉饰，被称为玉剑饰，饰玉

图四十三　狮子山楚王墓龙凤纹玉璜

图四十四　东洞山二号墓龙凤纹玉环

的剑称作玉具剑。完整的玉具剑由 4 个玉饰物组成，它们分别是剑首、剑格（琫）、剑璏（璲）、剑珌。玉剑饰盛行于战国至西汉时期。徐州出土了很多汉代玉剑饰，北洞山楚王墓出土 9 件，狮子山楚王墓出土近 10 套，其样式繁多，造型各异。器表饰云纹、涡纹、谷纹、龙纹、螭虎纹、兽纹和瑞鸟纹等纹饰。

巨山汉墓出土玉剑首，1992 年发掘，直径 5 厘米。玉剑首安装于剑柄的最末端（图四十五）。

图四十五　巨山汉墓玉剑首

图四十六　狮子山楚王墓玉剑格

狮子山楚王墓出土玉剑格，出土时就镶嵌在剑身上，中间有菱形镶嵌孔。剑格用于剑柄与剑锋之间，起护手作用。器身周围刻有 7 道凹槽，器表雕饰浅浮雕虺龙纹，宽 5.6 厘米、高 4 厘米（图四十六）。

剑玉璏，又称剑鼻，安装在剑鞘上方，用来贯带系剑于腰部。狮子山楚王墓出土玉剑璏，长 9.5 厘米、宽 2.4 厘米。为长条形，片状，两端下弯，正面浮雕一螭龙，背面有一个方形的仓，仓的侧面有透孔（图四十七）。剑珌安装于剑鞘下部，既用以容剑锋，又是剑鞘的组成部分，也是装饰。狮子山楚王墓出土玉剑珌，宽 5 ~ 6 厘米、高

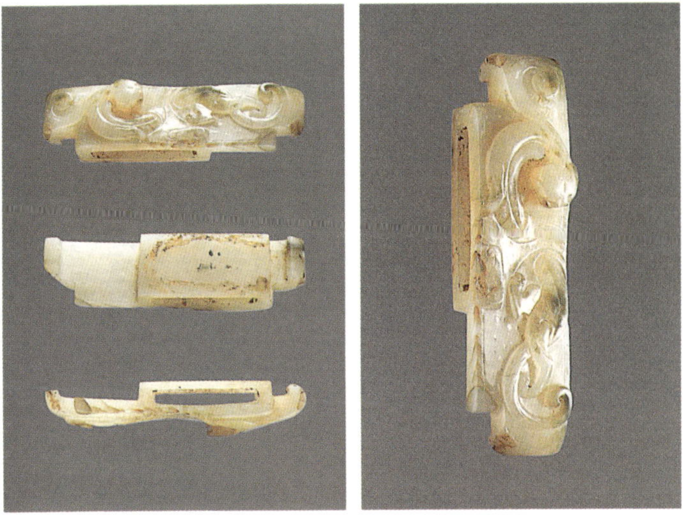

图四十七　狮子山楚王墓玉璏

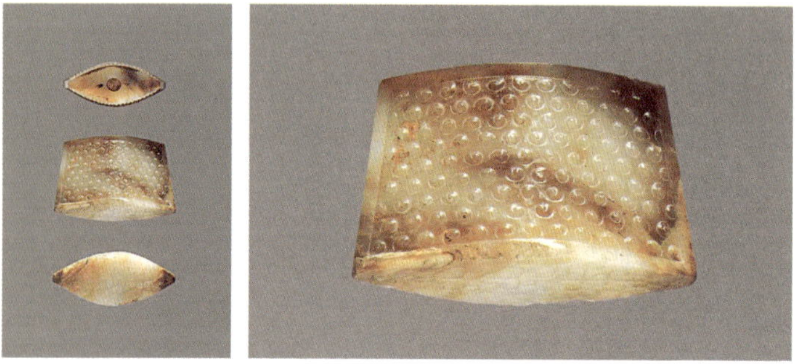

图四十八　狮子山楚王墓玉剑珌

3.7 厘米（图四十八）。

狮子山楚王墓出土玉剑格截面为菱形，侧面为横长方形，中部凸起一棱，以此为中心，琢出兽面纹及勾连云纹，剑格中端仍残留有锈蚀的铁剑。这种形状的剑格在南越王墓、满城汉墓等墓中都有出土，是西汉最流行的样式，区别只在于玉剑格表面的纹饰。

四、莹润华贵——生活用玉

生活用玉数量相对较少，当和玉材的特性与加工难度有关。汉代的日常用玉器主要有杯、盒、卮、印和带钩等，玉艺术品也可以位列其中。从近年来的考古发掘材料来看，日常用玉中也不乏构思奇巧的精彩之作。

狮子山楚王墓出土玉耳杯，青白质，半透明，新疆和田玉，高 3.8 厘米、口径 11.1 ~ 14.3 厘米。玉耳杯由整玉雕琢而成，素面抛光，杯体厚重，局部有褐色沁斑。杯身呈椭圆形，两侧边沿有桥耳（图四十九）。此器发现于墓道西侧未被盗扰的第一耳室，与 1 件玉卮、2 件玉高足杯共出，4 件玉器排成一列，组合清晰，显然是楚王生前使用的一组玉酒器。耳杯常用于饮酒，也可用作食器。耳杯和案、盘等是汉墓中常见的组合。

狮子山楚王墓出土玉卮，新疆和田玉。由器盖和器身组成，以子母口相扣合，通盖高 11.8 厘米、口径 6.7 厘米。盖淡青色，为五瓣柿蒂形，四周凸雕 3 枚柱状纽。身青色泛黄，筒形，下有三兽形足。盖、身均半透明，由两块玉料雕成。卮是汉代常用的饮器，从考古发掘出土和传世的汉代卮来看，主要有玉卮、漆卮、铜卮、陶卮等。西汉以后很少见到玉卮的踪影（图五十）。

狮子山楚王墓出土长双联玉管，新疆和田青白玉，长 26.2 厘米、宽 2.9 厘米。玉管为两根同样的细长圆管并联

图四十九　狮子山楚王墓玉耳杯

图五十　狮子山楚王墓玉卮

图五十一　狮子山楚王墓长双联玉管

而成，两端连接处有浅浮雕兽面纹。玉管中空，一头封闭，两端均饰有勾连云纹，中部素面磨光。迄今尚未发现类似的玉管，这件玉管作何用途，仍待研究。南昌汉代海昏侯出土两根玉管，皆贯通，有研究者认为是黄钟律管、大吕律管，为基准器，或许对我们研究这件玉管的用途有启示作用（图五十一）。

北洞山楚王墓出土的玉熊，青玉质，长20.3厘米、宽8.3厘米、高6.6厘米，呈俯卧状。颈部戴有项圈，体形肥硕，表情憨态可掬，熊的形象刻画得生动传神。

第四节　俑偶华彩

陶俑在世界各地许多文明遗存中都有发现。中国古代陶俑使用周期之长、地域分布之广、样式品类之全，可谓在世界上独领风骚，极具历史、科学与艺术价值。汉代陶俑是中国陶俑发展史上的一个高峰期，世人瞩目，徐州汉代陶俑是其重要代表。其中狮子山楚王墓兵马俑、北洞山楚王墓彩绘仪仗俑，驮篮山楚王墓乐舞俑，以及各类中型墓葬中出土的陶俑，对我们研究徐州两汉文化和汉代丧葬文化具有重要价值。

一、兵马方阵

主要出土于狮子山楚王墓的陪葬俑坑中，以军阵形式出现，俑坑在狮子山楚王墓和王后墓东西陵区都有发现（图

图五十二　狮子山楚王墓陪葬俑坑

图五十三　狮子山楚王墓陪葬俑坑

五十二）。按照兵种划分，可分为步兵俑、骑兵俑、车兵俑等；按照个体角色划分，可以分为飞骑俑、马俑、甲胄俑、执兵俑、发辫俑和驭手俑等。体量相比秦俑要小得多，基本合乎人体比例，形体端正，雕塑技法简约，人物的表情平静含蓄（图五十三）。

二、仪卫显威

北洞山楚王墓墓道两侧的 7 个壁龛中出土的 224 件彩绘仪卫陶俑，未遭盗扰，绝大部分保存完整。高度大多在 50 ~ 58 厘米之间。陶俑神态逼真，宛若真人；其颜色丰富多样，有红、白、黑、绿、蓝、紫、绛诸色，色调配置和谐，衣纹线条流畅飘逸。面部表情生动细致，眉目、胡须纤细，形式多样，甚至单、双眼睑亦清晰可辨，融雕塑和绘画技艺于一体，是我国迄今发现的汉代色彩保存最好的彩绘俑群之一。根据它们的姿态或冠式，可分为持笏俑、持兵俑和背箭箙俑三种形制。其中背箭箙陶俑 64 件，箭箙颜色有红、黄、蓝、黑诸色，上绘云气纹、枝蔓纹、几何纹，装饰性极强。少数枝蔓纹形成的画面当是中国花鸟画的雏形。而戴帽持笏俑应是仪卫俑群中身份最高的官员，有的标注其身份为郎中令（图五十四）。

三、乐舞娱乐

驮篮山楚王墓、北洞山楚王墓、龟山楚王墓均出土有乐舞俑，而以驮篮山汉墓最具特色。驮篮山一号汉墓乐舞

图五十四　北洞山楚王墓彩绘仪卫俑

俑组合完整清晰。抚琴俑 4 件，跪坐抚琴状，头发后理外凸；吹奏俑 4 件，跪坐吹奏状，留鹊尾髻；打击俑 2 件，跪坐敲击状，留鹊尾髻。女舞俑 12 件，均出土于前堂，可分为两式：双袖舞俑 8 件，M1 墓和 M2 墓各 4 件，头发后梳成鹊尾状，着双垂右衽长衣，身体呈“S”形，作舞蹈状，双袖抛起，姿态优美传神；单袖舞俑 4 件，均出土于 M2 墓，立姿，双膝微屈，上身前倾，左臂下垂，手牵外衣，右臂上引，长袖下摆。驮篮山楚王墓出土的两种舞俑：单袖上举搴袍舞俑和双手上举身姿呈“S”形舞俑，前者舞姿典雅含蓄，后者舞姿热烈奔放，反映出汉代工匠高超的审美意趣和炉火纯青的雕塑技艺，成为汉代多姿多彩舞蹈艺术的永久定格（图五十五）。

四、职司服侍

服侍俑是随葬陶俑的常见种类，数量较多，随葬范围广，不单是徐州狮子山楚王墓、驮篮山楚王墓、北洞山楚

图五十五　驮篮山楚王墓乐舞俑

图五十六　北洞山楚王墓女坐侍俑

图五十七　土山彭城王墓陶鸭

王墓、龟山楚王墓等大型王陵有发现，一些中型汉墓中也有。俑的形制较为单一，仅立侍俑和坐侍俑两种类型。脸部多呈倒三角形或椭圆形，立姿均为拱手状，头戴冠或向后挽发结髻。身着长衣，衣摆呈喇叭形，不仅增加了形体的稳定性，也更具挺秀之感（图五十六）。

五、动物吉祥

动物俑分为家禽俑、家畜俑和猛禽俑三种。家畜因饲养目的不同，也有食用与蓄力之别。徐州西汉墓出土动物俑不多，而且以蓄力为主，如马俑；东汉墓出土动物俑的种类增多，如猪、鸡、鸭，以食用为主。徐州地区动物俑以狮子山出土的马俑最多也最为精彩，其他动物俑则以土山彭城王墓出土最为精彩（图五十七）。

第五节　印章封泥

印章根据历代人们的习惯有“玺”“印”“宝”“章”“印章”“印信”“记”“图章”“符”“契”“押”“戳子”等各种称呼。先秦及秦汉的印章多用作封发之用，把印盖于封泥之上，以防私拆，并作信验。封泥又叫作“泥封”，是盖有古代印章的干燥坚硬的泥团，封泥的使用自战国直至汉魏。徐州博物馆藏封泥印章数量较多，仅汉代封泥印章就有 5000 余方。其中狮子山楚王墓出土官印达 200 方，封泥 80 余方；土山东汉彭城王墓封土中出土西汉封泥4500余方，是研究徐州两汉政治制度、经济发展、历史地理等方面的重要实物资料。

一、印章信验

从性质上讲，印章有官、私和肖形印之分，徐州博物馆官印所占比例很大。从材质上看，铜印为主，个别为铜鎏金，此外还有金、银、玉、琉璃和泥印等。从形制上看，有方印、半通印、套印和六面印。主要印纽是：铜印为鼻纽，玉印为覆斗形纽，金银印为龟纽。印文方面，既有铸印也有琢印，有阴文也有阳文，规范篆书为主，也有鸟虫书。主要用途是把印章盖于封泥之上，以防私拆，并作信验。

1985年，龟山西汉楚王墓出土“刘注”龟纽银印一方，这是西汉第六代楚襄王刘注的私印（图五十八）。刘注嗣位于武帝元朔元年（前128年），薨于元狩六年（前117年）。1994年，簸箕山西汉墓出土“宛朐侯埶”龟纽金印。

图五十八　龟山西汉楚王墓“刘注”银印

图五十九　簸箕山宛朐侯刘埶墓出土“宛朐侯埶”印

刘埶是楚元王刘交之子，被封为宛朐侯，景帝前元三年（前154年）参与吴楚“七国之乱”。该印将所封宛朐侯国名和刘埶之名合铸，说明是专为随葬制作的冥器，而非实用印，是一方年代明确的金印（图五十九）。刘埶金印和刘注银印都是可以作为断代标尺的印章，具有重要的历史价值和艺术价值。

二、封泥凭证

封泥是古代用印的遗物，它反映了印章的性质、等级、使用范围与目的。封泥是古代印章资料的补充，也证明了遗失印章曾经的存在。徐州出土封泥数量多、质量好，具有极高的历史与艺术价值。狮子山楚王墓出土封泥发现于内墓道、西侧第一耳室和第二耳室、东侧第一耳室。可分为三类：有楚国宫廷职官的“内史之印”“楚太仓印”，

图六十　狮子山楚王墓
“楚内史印”封泥

图六十一　狮子山楚王墓
“楚中尉印”封泥

图六十二　土山彭城王墓封土
采集封泥“楚夷园印”封泥

有军队职官的“楚中尉印”，有楚国属县职官的“兰陵丞印”“下邳丞印”“彭城丞印”“符离丞印”“相令之印”“吕丞之印”“萧邑之印”“萧丞之印”等。这些封泥往往与随葬品同出，是缄封随葬品的凭证，可以看出随葬品的来源。

狮子山楚王墓出土“楚内史印”封泥发现于西侧第一耳室，长 3 厘米、宽 2.4 厘米、厚 1.1 厘米。内史是王国宫廷职官，为诸侯王以下管理民政的最高官员（图六十）。

狮子山楚王墓出土“楚中尉印”约 10 枚，均出土于西侧第一耳室，长 2.8 厘米、宽 2.7 厘米、厚 1.1 厘米。“楚中尉”系楚国军队中管理武备的高级官员（图六十一）。

土山东汉彭城王墓封土中采集的封泥“楚夷园印”，长 2.5 厘米、宽 2.5 厘米、高 1.5 厘米。刘交子刘郢客在高后二年（前 186 年）被封为上邳侯，楚王刘交去世后刘郢客继承王位，是为楚夷王。此印应为楚夷王陵园长官之印（图六十二）。

第三章　石上史诗

古罗马人为了纪念战争的胜利，建立了雄伟的凯旋门和纪念柱，用浮雕装饰这些建筑。罗马浮雕具有记事、写实的特征；采用了散点透视手法，出色地处理了情节烦琐、层次复杂、人物众多的构图，创造出伟大的罗马雕刻，成为古代罗马艺术的杰出代表。同样，国力强盛的汉朝，皇家富室醉心于死后空间的建造，用绘画和雕刻装饰复杂的墓室，用精美的雕刻图像介绍自己显赫的一生、死后的希冀、祈求永存的渴望，甚至小有钱财的人家也纷纷效仿。一种新的艺术形式出现在汉朝，这就是汉代画像石雕刻，简称汉画像石。

汉画像石是汉代地下墓室、墓地祠堂、墓阙和庙阙等建筑上雕刻画像的石建筑构件。其所属建筑，绝大多数为丧葬礼制性建筑，因此在本质上汉画像石是一种丧葬艺术。徐州汉画像石分布广泛、数量众多、形制多样，雕刻技术全面、收藏历史悠长，具有极高的历史、科学与艺术价值。其内容丰富，题材丰富，从神仙到凡间，从历史到现实，各种事物、各种场景、各种生活，都被汉代艺术所注意、所描绘、所欣赏。

全国汉画像石大体可以分为四大片区：苏鲁豫皖片区、豫南鄂北片区、川渝片区、陕北晋西片区。徐州汉画像石是苏鲁豫皖片区的重要组成部分。从时间上来讲，该地区汉画像石从西汉早期偏晚到东汉末年或更晚都有，跨度300余年，成为汉代艺术的精华，一个区域、一个时代的文化代表，在中国美术史上占有十分重要的位置。

第一节　徐州汉画像石墓的发现与收藏

一、徐州汉画像石的发现、分布与收藏

徐州汉画像石见于史籍的有《后汉书·郡国志》注引伏滔《北征记》、北魏郦道元《水经注·泲水》、宋赵明诚《金石录》、宋欧阳修《集古录》及地方志等。清代同治年间，布政使江南分巡徐海河务兵备道吴世熊在徐州沛县发现了几块画像石，就用大车将画像石拉到了徐州城

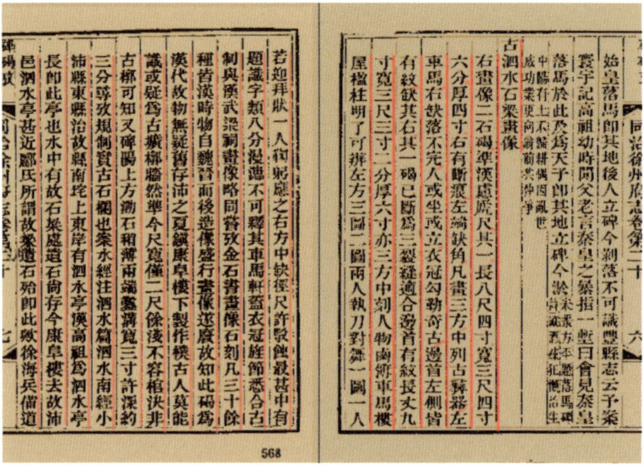
同治徐州府志卷第二十 六

始皇落馬即其地後人立碑今剥落不可識豐縣志云予棻寰宇記高祖幼時聞父老言秦皇之築指一墩曰會見秦皇落馬於此及爲天子即其地立碑今訛宋張方平題落馬碑中陽有土不歸耕偶因亂世成功業更向翁前與仲爭

古泗水石梁畫像

右畫像二石碣準漢慮虒尺其一長八尺四寸寬三尺四寸六分厚四寸石有斷痕左端缺角凡畫三方中列古彝器左車馬右缺落不完人或坐或立衣冠勾勒奇古邊首左側皆有紋缺其右其一碣已斷爲三裂縫適合邊首有紋長丈九寸寬三尺三寸二分厚六寸亦三方中刻人物輜軿車馬樓屋檻柱明了可辨左方三圖二圖兩人執刀對舞一圖一人若迎拜狀一人荷帚處之右方中缺徑尺許駁蝕最甚中有題識字類八分漫漶不可釋其車馬軒蓋衣冠旌節悉合古制與漢武梁祠畫像略同嘗攷金石書畫像石刻凡三十餘種皆漢時物自魏晉而後造像盛行畫像遂廢故知此碣爲漢代故物無疑舊存沛之夏鎮康阜樓下製作樸古人莫能識或疑爲古墳椁牆然準今尺寬僅二尺餘淺不容棺決非古椁可知又碑陽上方鑿石稍薄兩端鑿溝寬三寸許深約三分尋攷規制實古石欄也案水經注泗水篇泗水南逕小沛縣東縣治故城南垞上東岸有泗水亭漢高祖爲泗水亭長即此亭也水中有故石梁處遺石尚存今康阜樓去故沛邑泗水亭甚近酈氏所謂故梁遺石殆即此歟徐海兵備道

碑碣考 同治徐州府志卷第二十 七

568

图六十三 《同治徐州府志·碑碣考》

的衙署内，供人们观赏。1922 年前后，张伯英收购了睢宁双沟出土的汉画像石 10 余块，包括中国国家博物馆藏的《牛耕图》。1938 年，徐州民众教育馆在沛县收集到两块画像石，一块是刻有正面车马的六博乐舞图，一块是建筑人物图，被傅惜华《汉代画像石全集 · 初编》收录。1952 年，徐州市成立了文物管理委员会，将吴世熊、张伯英等人收藏过的画像石镶嵌在兴化寺的北厢房内。1956 年，徐州成立了“江苏省徐州汉画像石保管组”，这是徐州成立最早的文博机构，也是徐州博物馆和现在徐州汉画像石艺术馆的前身。至此，徐州汉画像石的发掘收藏、科学研究进入了一个新的发展阶段（图六十三）。

汉画像石墓是徐州汉墓的一个重要组成部分，汉画像石墓目前所知时代最早的为西汉早期偏晚的韩山西汉墓。徐州地区经过科学发掘并发表发掘简报，可统计的汉画像石墓葬数量有 70 余座。实际数量要远远多于 70 座，只是散存征集资料需要谨慎地使用。徐州现辖五区五县（市）均有汉画像石墓的发现，其中以邳州市、睢宁县、云龙区、鼓楼区、泉山区、铜山区及贾汪区发现汉画像石较多，新沂市及丰县、沛县发现较少。现将徐州汉画像石分布情况图标如下（图六十四）。

目前而言，徐州汉画像石的收藏可以分为机构收藏与私人收藏，机构收藏又可以分为官方机构与民间机构。官方机构收藏为主，民间机构与私人收藏所占比例较小。据

图六十四 徐州汉画像石分布图

不完全统计，徐州市官方收藏汉画像石约2100块，徐州民营机构及个人收藏汉画像石近700块，加上没有统计进去的数字，徐州汉画像石的收藏量估计有3000块左右。

二、徐州汉画像石墓的形制与结构

徐州地区汉画像石墓类型包括竖穴洞室墓、竖穴石（土）坑墓、石椁墓、石室墓、砖石混合室墓等，形制多样。徐州汉画像石最早出现在韩山刘婞墓，该墓时代在西汉早期偏晚，为竖穴洞室墓；西汉元帝以后，汉画像石墓的数量开始增多。就形制而言，西汉时期以石椁墓居多，东汉以后画像石出现在石室墓、砖石混合室墓中。典型的汉画像石墓按照其墓葬形制大致可以分为三大类：石椁画像石墓、砖石混合画像石墓、石室画像石墓。其他类型相对较少（见下表）。

表：徐州汉画像石墓葬分期简表

阶段	第一阶段	第二阶段	第三阶段	第四阶段
始末	西汉景帝—武帝	元帝—王莽	东汉光武帝—安帝	顺帝—献帝
竖穴洞室墓	画像石个别出现			
石（土）坑墓	画像石个别出现			
石椁墓		画像石数量增多	一般都有画像石	一般都有画像石
石室墓			一般都有画像石	一般都有画像石
砖石墓				一般都有画像石

石椁墓是用加工的石板扣合而成，内置木棺。石板数量不等，大小不均。沛县栖山汉画像石石椁墓 M1，墓为长方形石坑竖穴墓，方向 324 度。墓口南北长 3.5 米、东西长 3.6 米、石坑深 2 米。西侧椁室为女性，中间椁室为男性，东侧椁室未葬人，三椁室位置略有错位，部分石板上有画像（图六十五）。

石室墓是用石材作为建筑材料垒筑的多室墓葬。此型墓在汉画像石墓中数量较多。石室墓早期为平顶（单层石板），后发展为叠涩顶。如白集汉画像石墓（图六十六）、铜山茅村汉画像石墓、邳州青龙山缪宇墓、铜山利国汉画像石墓（图六十七）。缪宇墓方向 272 度，现存遗迹有墓垣、封土和墓室。墓室由前室、后室和回廊三部分组成，前墓室长 2.2 米、宽 4.65 米、高 2.45 米，后室长 3.12 米、宽 1.54 米、高 2.2 米，回廊全长 12 米、宽

图六十五　沛县栖山汉墓中间椁室

图六十六　白集汉画像石墓

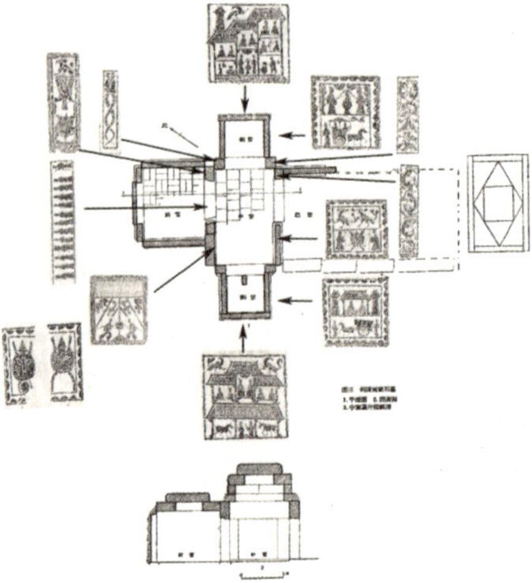

图六十七　铜山利国汉画像石墓

1.2 米、高 1.16 米。室内有汉画像石刻共 9 幅，现存 7 幅。缪宇墓有墓志共 109 字，部分已剥落不清，可读的不到百字。从墓志中知道，缪宇卒于东汉桓帝和平元年（150 年）七月七日，曾任“彭城相行长史事吕守长”，于第二年元嘉元年（151 年）三月二十日葬。停丧 8 个多月。享年 50 岁（图六十八）。

砖石混合墓是以砖、石构筑墓葬，石构件主要在墓门及结构连接部位，如门楣、门扉、门框及隔梁。在一些较高规格的墓葬中，砖仅仅用于铺地及券顶，如睢宁九女墩汉画像石墓（图六十九）。

三、敬天承祖，神庙宗祠

祠堂，又称庙堂，是汉代陵区最重要的地面建筑，也是古人敬天承祖、祭祀神灵的主要场所。希腊神庙祭祀的是公众神，而中国古代祠堂祭祀的是祖先的亡魂，有慎终追远、民德归厚、敬宗睦族的意义。希腊神庙是公共建筑，需要很大的空间容纳众多的朝拜者，汉代的祠堂是家族祭奠逝者的地方，无须很大。

徐州汉画像石祠堂可以分为大祠堂、小祠堂两类，小祠堂有平顶祠堂与抱鼓石形祠堂之分，大祠堂有单开间与双开间之别。大祠堂前往往有平台，一般要摆放祭案。白集汉画像石墓祠堂、占城祠堂属于单开间祠堂。1999 年在邳县占城发现两块祠堂构件，一块为祠堂的右山墙，一

图六十八　邳州青龙山缪宇墓墓志

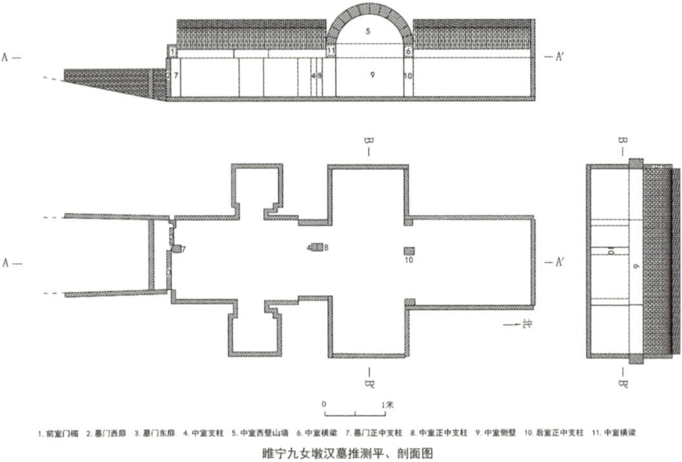

图六十九　睢宁九女墩汉画像石墓平面、剖面图

块为祠堂顶盖石的前部。祠堂山墙高 145 厘米、宽 122 厘米，锐角式山顶，画面分作五层，由下而上第一层至第四层刻人物拜谒和历史故事，人物旁边刻有榜题，故事内容有“孔子见老子”“孔门弟子”“二桃杀三士”等，顶层刻东王公、玉兔捣药、羽人、蟾蜍、青鸟等仙界的人物和动物（图七十）。祠堂顶盖前部长 80 厘米、宽 320 厘米，上面刻有虬龙、雨伯、藻井图案等。

图七十　邳州占城祠堂右山墙

图七十一　洪楼祠堂“力士图”

洪楼祠堂是一种规模较大、结构复杂的双开间悬山顶房屋式建筑。祠堂由基石、左右山墙石、左右后壁石、中间山墙、四块顶盖石等组成。洪楼祠堂虽已倾倒，结构石分散各处，但大部分构石完整仍可以复原。复原的洪楼祠堂，内宽度 4.3 米、外宽 5.64 米、进深 2.15 米，祠室顶高在 2 米左右，复原后的洪楼祠堂将是全国最大的汉代画像祠堂之一。“力士图”“神仙出游图”“蹶张图”为祠堂中间三角石梁的三面刻画，“蹶张图”位于三角石梁的前面（图七十一）。

四、悠悠天路，神道石雕

汉代开始，墓前排列石兽，是为神道，或叫墓路、天路。汉代神道由石阙、石碑、石柱、石人、辟邪、石虎、石马、石牛、石羊等组合而成，组合数量、种类差异较大。石阙为天门的象征，辟邪、石马身长双翼，石羊上乘坐仙人，这些无不透露出“天人感应”以及神仙思想的观念。它影响了中国封建社会帝王陵墓的建制，下至六朝，延及明清。徐州出土的东汉辟邪圆雕，通高 140 厘米、长 194 厘米、宽 50 厘米，头上有角，颔下有髯，有羽翼，四肢作疾走状（图七十二）。

第二节　徐州汉画像石的图像与意象

徐州汉画像石随着汉代社会的兴盛而产生和盛行，又随着汉代的灭亡而消失转换，变化很多。既有反映现实生

图七十二　东汉辟邪圆雕

活的男耕女织、安居乐业、宴乐百戏、歌舞升平、故事传说，也有反映幻想世界的伏羲、女娲、西王母、东王公、珍禽异兽等，各种意象并陈共处；充满了对现实生活的眷恋，对未来世界的希冀，生动地再现了汉代社会生活的各个方面。汉画像石犹如一部绣像的史书，是汉代历史的真实写照。

一、男耕女织，安居乐业

汉代谚语云："一夫不耕或受之饥，一妇不织或受之寒。"两汉 400 年，社会相对稳定，人们过着男耕女织、安居乐业的恬适生活。

1. 男务耕耘

举农百事，耕种为先。战国时期，铁农具开始用于农业生产，尤其是铁犁的使用，使破土作业得以连续进行；牛耕的使用，是农用动力的一次革命。汉代，耕作技术和农业工具都有创新和突破，铁犁装有铁制犁铧和犁镜（壁），耕翻深度 4 寸许，因而使粮食亩产量成倍地增长。

【牛耕图】牛耕的推广使用，大大提高了生产力，垦田数量有明显提升。汉代的耕作，以二牛抬杠最为典型，也有以一牛一马抬杠耦耕的，牛耕图形象地反映了当时的农作情况，是我们研究汉代农业的极其珍贵的材料。

睢宁县双沟出土的"牛耕图"，现存中国国家博物馆，高 80 厘米、宽 106 厘米、厚 20 厘米。画面分为三格，上面刻有仙人骑鹿、羽人异兽和人物会见；中为8个人物，似为历史故事场景；下刻牛耕图，画面刻一人呵牛扶犁耕地，身后一人紧跟其后随墒播种，旁边停放一辆大车，车旁一犬伏地休息，有数鸟停在车上，远处还有一人举锄除草，另有一人正挑担走来，为农忙的家人送饭送水（图七十三）。

汉代牛耕使用的是长直辕犁（图七十四下图），曲辕犁要到唐代才出现（图七十四上图）。但没有根本性的变

图七十三　睢宁县双沟出土的“牛耕图”

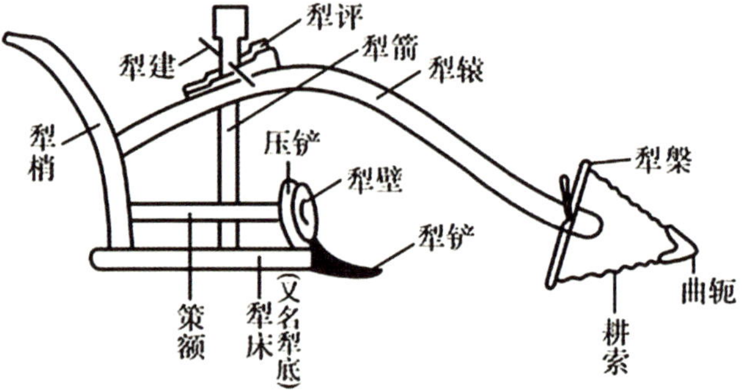

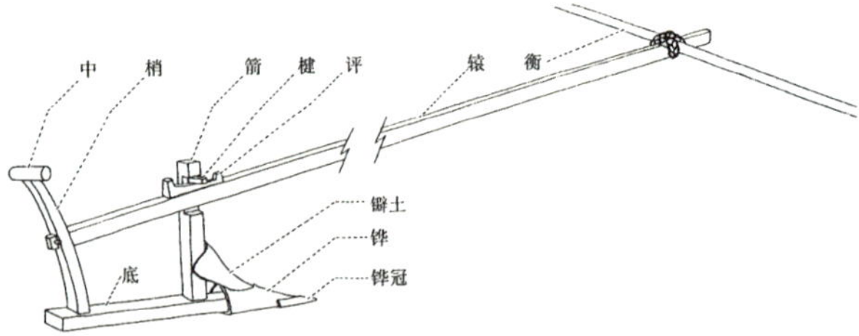

图七十四 汉唐牛耕犁具比较示意图、结构图

化，这种犁具的基本样式一直延续到当代。

【粮食加工图】汉代将手举杵改为足踏杠杆以举碓，“碓”就是脚踏驱动杠杆，落下时砸在石臼中，去掉稻谷的皮，徐州方言将“臼”说成“碓窝子”就是这种古语的延续。谷物被舂碓后，还需要去掉糠秕以取得精米，远古最简单的方法是用簸箕，效率高些则是用飏扇。汉代常将女囚徒罚为舂米，称为舂刑，这是一种处罚较轻的刑罚，

是一项繁重的体力劳动。

徐州市贾汪区出土的“舂米图”，现存徐州汉画像石艺术馆（图七十五），高 80 厘米、宽 160 厘米、厚 18 厘米。画面的左方是舂米的情景，汉代已经使用了简单的机械原理进行粮食脱壳；中间是飏扇，使脱壳后的谷粒皮壳分离；画面的右面是一只公鸡在吃飏扇后的糠秕。

【狩猎图】汉代以农业经济为主，狩猎经济已经成为耕种经济的补充，狩猎更主要地成为贵族娱乐消遣的活动。徐州汉画像石中有许多狩猎的画面，其中以邳州市燕子埠汉墓“狩猎图”表现得最为生动。

徐州邳州市燕子埠缪宇墓“狩猎图”，位于门楣石内

图七十五　徐州市贾汪区出土的“舂米图”

图七十六　徐州邳州市燕子埠汉墓“狩猎图”（局部）

侧，石长 465 厘米、高 55 厘米、厚 52 厘米。画面的右方是一组建筑图，表现的是深宅大院。画面左侧主要内容表现的是狩猎的情景，浩浩荡荡的狩猎队伍从官邸后院出发，步卒手执网筚，荷筚掩兔；骑兵持弓挟矢，拔箭射鹿；官吏坐在轺车上观看（图七十六）。

2. 女修织袵

【纺织图】汉代纺织技术延续了 2000 多年，时至今日，这种脚踏式织机还有使用，只是多数地方作为非遗而已。徐州出土纺织图的地点有铜山区洪楼、贾汪区青山泉、沛县留城、邳州市炮车镇、邳州市白山崮子、铜山区张集、铜山区种羊场等。

铜山区洪楼祠堂后壁上的“纺织图”，现藏徐州汉画像石艺术馆（图七十七），石高 99 厘米、宽 228 厘米。画面上格刻人物，下格刻庄园的一角。在庄园的院落里，杂技表演正在进行，宾主及其侍从正在观看；而另一个房间里的织女却在继续从事纺织生产，有的络纱，有的摇纬，有的织布。由此可见当时富裕家庭作坊的纺织情景。

贾汪区青山泉“纺织图”刻画的则是普通人家的纺织情景：织女正转身接抱送过来的婴儿。邳州白山崮子一号墓出土的纺织图上有整经图，一人正在经梳前进行整理，后面悬挂着一排篗子。纺织前重要的准备工作是“整经”，是自许多篗子上将丝线排列整齐并缠绕于经轴上。

图七十七　铜山区洪楼祠堂后壁“纺织图”

【汉代服饰图】徐州汉代沿用了楚国服饰的特点，主要是曲裾深衣。曲裾是将衣襟向一边接长，形成三角，穿时将衣襟的三角形部分从腋下绕在身后，再用带子系结（图七十八）。

直裾则是衣襟相交至左胸后，垂直而下，直至下摆。这种直裾衣穿起来方便，是当时流行的一种便服，闲居在家穿，不能在重要场合穿着（图七十九）。襜褕与袍相近，

图七十八　徐州汉画像石艺术馆藏门柱

图七十九　睢宁九女墩汉画像石墓墓门（局部）

也是直裾，比袍服更加宽大。在西汉时期，曲裾是礼服，襜褕只能在家居时穿着，东汉时期已经成为时髦的礼服。

3. 宫室建筑

汉代是中国建筑成熟时期，奠定了中国建筑的基本样式和布局。由于汉代建筑以木结构为主，因此仅有少量石质、陶砖、土质部分尚存，木质建筑早已荡然无存。徐州汉画像石中的建筑图对真实建筑的形象、室内布置，以及建筑组群布局等方面都作出了形象具体的补充，成为今天研究汉代建筑最珍贵的资料。

【楼阁栉比图】徐州茅村画像石墓时代为东汉灵帝熹平四年（175 年）。中室南壁刻画了“楼阁栉比图”，高 56 厘米、宽 270 厘米（图八十），这组建筑共有五进院落。画面最右面为门阙，双阙刻在门厅屋檐的后面，门厅双门紧闭，两面站立门卫；第二进院落刻画主宾见面的场面，主人躬身迎客，主客在曲柄华盖的拥簇下；第三进房间有楼梯，楼上为女眷，楼下为侍从，楼上设宴置酒，举觞畅饮，楼下奴仆家人在服务；第四进房间为两层，楼下为厨房，楼上有四人活动；最后为三间廊庑，每间内站立一位仆人。这幅建筑图的突出特征是高大的门阙、对称式门厅，门厅屋面为庑殿式，这是汉代贵族庄园建筑的缩影。

【建筑车马杂技图】邳州市陆井乡庞口村汉墓“建筑车马杂技图”，现藏徐州汉画像石艺术馆（图八十一），

图八十　徐州茅村画像石墓“楼阁栉比图”

图八十一　邳州庞口村汉墓“建筑车马杂技图”

高 105 厘米、宽 148 厘米、厚 30 厘米。画面分上下两层，上层有捕鱼、庖厨、六博、高絙、建鼓等。高絙上伎人在倒立、拿顶，建鼓两边二伎人在持桴击鼓。下层为迎宾。周边饰菱形纹。

4. 车马出行

车马是汉画中最流行的题材，同时也是等级、地位的象征。西汉中期以后的作战中，以骑兵作战为主，战车只是作为指挥中心。

【缉盗荣归图】贾汪区青山泉汉墓出土的“缉盗荣归图”，现藏徐州汉画像石艺术馆，高 96 厘米、宽 800 厘米、厚 33 厘米。这是一座石椁墓的三面，画面连接起来表现了一段完整的故事。构图上以两棵大树为标志，将内容从左往右分为“审讯”“押解”“迎接”三个部分。左边侧面刻有“伏羲举日图”。“缉盗荣归图”主要以图示的形式展现缉盗捕亡的全过程，对研究汉代的刑法、刑具以及迎候制度等方面，有着十分重要的意义（图八十二、图八十三）。

【车马出行图】铜山区台上散存“车马出行图”，浅浮雕，现藏徐州汉画像石艺术馆，高 32 厘米、宽 221 厘米、厚 48 厘米。前有导骑开道，轺车、辎车、轩车紧随其后，再现了当时车马出行的情景（图八十四）。

图八十二　贾汪区青山泉汉墓出土的“缉盗荣归图”

图八十三　贾汪区青山泉汉墓出土的“缉盗荣归图”局部“钳械押囚图”

图八十四　铜山区台上散存的“车马出行图”

二、宴乐百戏　歌舞升平

两汉时期，长期稳定，歌舞升平，奢靡之风盛行。日常生活中饮酒作乐成为常态，特别是在一些高级官吏和贵族家庭中，更是专门蓄养了一些歌舞奴婢，以供宴享时助兴、闲暇时欣赏。汉武帝时，政府还专门扩充了主管音乐的机构——乐府。当时的人们普遍能歌善舞，汉高祖刘邦宠爱的戚夫人、武帝刘彻宠爱的李夫人、宣帝刘询的母亲王翁须更是以歌舞女入太子家为家人子，进而得宠。通过这些大量出土的乐舞内容的汉画像石，也可以反映出汉代生活的一个方面。

1. 迎宾宴乐

综观两汉，国力强盛，人民生活殷实，宴乐之风盛行。“衣食住行”，基本需求；“食色性也”，古今无二。随着社会生产的发展和社会的进步，汉代人特别重视饮食及其礼节，正所谓“民以食为天”。

【庖厨图】汉人烹调的方法有十几种，烧烤这种原始的烹饪方法是其中之一，称之为“炙”，其字形就像一块肉架在火上，“脍”是切成方寸的肉块。徐州汉画像石中，有多块刻画着烤肉的场景，画面上往往杯盘钟樽等美酒之器置于席，鸡鱼火腿等佳肴悬于梁。“脍炙人口”的成语就是因烤肉而来。

铜山区汉王镇东沿村出土的“庖厨图”，现藏徐州汉画像石艺术馆，高 57 厘米、宽 68 厘米、厚 24 厘米。画像石正、侧两面刻画。正面分三格：上、中格刻庖厨场面，有炙肉、汲水、炊火等；下格为躬迎场面。右侧面为双重门阙，阙上立一鸟，阙下一门吏（图八十五）。

【迎宾宴饮图】铜山区洪楼祠堂出土，祠堂后壁为“迎宾宴饮图”，现藏徐州汉画像石艺术馆，高 103 厘米、宽 214 厘米、厚 21 厘米。画面分两格：下格为迎宾场面，高大的子母阙前主人揖客致礼，右侧有轺车、大车；上格两厅堂内帷幕高悬，几案上酒具罗陈，男女主宾分别在堂中交谈。所刻画的是迎宾、拜谒、宴饮的情景，反映了汉代豪门贵族宴请宾客的热闹场景。厅堂外面，有 10 余个仆从随时听候呼唤。建筑物上面瑞鸟翔集，周围饰有菱形纹（图八十六）。

2. 歌舞升平

徐州乐舞画像中描绘家庭歌舞活动的场面相当多，这

图八十五　铜山区汉王镇东沿村出土的“庖厨图”

图八十六　铜山区洪楼祠堂出土的“迎宾宴饮图”

类画面一般都是描绘在规模不大的厅堂间，宾主一起欣赏歌舞，歌舞场面一般很小，乐队两三人，舞蹈也多为单人舞、双人舞。其间可能有一部分是家伎的表演，从很多舞者和观者的服装相同或相似来分析，更多的恐怕还是宾主互相起舞的自娱性舞蹈。

【乐舞图】铜山区苗山汉墓“乐舞图”，现藏徐州汉画像石艺术馆，高 56 厘米、宽 150 厘米、厚 26 厘米。图中有观者、长袖舞者、击节唱歌者以及乐队伴奏（琴、排箫、笙、笛），表现了古人“席地而坐、击节而歌”的场景。图像周围饰以九尾狐、三足乌、羊等以示吉祥。右下角正面雕刻两个手持棨戟的骑士，以示威仪（图八十七）。

【六博乐舞图】古谚“长袖善舞”，可见古时人们对“袖舞”的欣赏。长袖舞以舞长袖为特征，徒手舞袖则短，

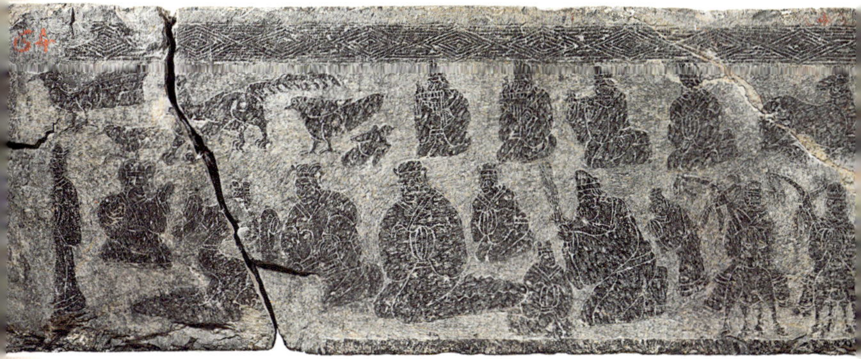

图八十七　铜山区苗山汉墓的“乐舞图”

手持短棒舞袖则长，凭借长袖交横飞舞的肢体语言来表达思想感情。长袖舞是战国时期楚国宫廷的舞蹈表演特色，徐州是楚国的故地，长袖舞十分流行。汉代继承了楚人艺术，长袖舞更为盛行，最具代表性，王公贵族以为时尚。

沛县古泗水出土的“六博乐舞图”，现藏徐州汉画像石艺术馆，高 108 厘米、宽 58 厘米、厚 60 厘米。画像两面刻画。一面分三格：上格为乐舞表演，一人长袖起舞，一人倒立，两人伴奏；中格刻二人在室内六博；下格刻一树，树上挂有喂马的食具，驭马者正在饲马，右边刻一正面透视的轺车。另一面分两格，各刻一凤鸟（图八十八）。

图八十八　沛县古泗水出土的“六博乐舞图”

图八十九　贾汪区青山泉出土的“建鼓图”

【建鼓舞】建鼓舞是一种击鼓而舞的舞蹈，汉代“百戏”之一。“建鼓舞”不见于文献记载，但战国时期已经出现，在汉乐舞画像中屡屡出现。建鼓舞十分注重技巧与艺术相结合，一般是边鼓边舞，节奏明显，震撼力强。在汉画像石中，建鼓是舞乐场面中的主要乐器，建鼓舞往往居于百戏画像的中心位置，且舞姿丰富生动，应是现实中鼓舞的真实写照。建鼓舞有男子双人舞，男女双人舞，姿态各异。

贾汪区青山泉出土的“建鼓图”，徐州汉画像石艺术馆藏，高 100 厘米、宽 90 厘米、厚 12 厘米。画面中间刻一饰有羽葆的建鼓，羽葆上有二龙，龙上二鸟。建鼓左右各有一人持桴边鼓边舞（图八十九）。

3. 杂技比武

徐州汉画像石中反映习射比武、格力竞技及杂技的内容特别丰富。从出土的画像石上看，使用的兵器有长有短，短兵器有钩镶、刀、剑等，长兵器有戟、矛等，防御器械有盾等。

【比武图】铜山区苗山汉墓“比武图”，现藏徐州汉画像石艺术馆，高57厘米、宽170厘米、厚25厘米。画面刻二人比武，左边一人手持长戟，右方一人左手拿钩镶、右手执剑，表现了持戟者刺向对方的一瞬间，画面惊险刺

图九十　铜山区苗山汉墓的“比武图”

图九十一　徐州市利国汉墓画像石中室北壁的“寻橦图”

激。旁边有伴奏者和观看者（图九十）。

【寻橦图】寻橦技艺的技巧动作分为三种：一是上竿，二是竿上表演，三是下竿。上竿动作有“双手爬竿”“猫行”两种。前者双手攀竿，双腿夹竿；后者双手攀竿，两足蹬竿而上，如猫爬树。竿上的技巧动作有倒、挂、腾、旋、舞、坐等。下竿的动作有倒头下滑与两足贴竿下滑。利国汉墓画像石中室北壁“寻橦图”，现藏徐州汉画像石艺术馆，高 100 厘米、宽 82 厘米、厚 22 厘米。画面中心立建鼓，上饰羽葆，鼓旁有二人持桴（鼓槌）抡臂击鼓；两边四人正在作爬竿倒立的表演（图九十一）。

三、神话传说，历史故事

汉画像石是“图画春秋”“石上史诗”。这“春秋”、这“史诗”，有的是汉代历史，即汉人的今天；有的则是先秦历史，即他们的昨天。昨天有案可稽，是为历史故事；昨天荒诞不经，即是神话传说；或者，历史故事与神话传说交叉浸润，处在信、疑两可之间。但无论如何，一个民族能重视历史，都是一种文化清醒。

徐州汉画像石中有许多历史故事和神话传说，其题材内容依据典籍中寓意深邃的故事传说，创作出有现实意义的画面。其中有“孔子见老子”“孔子问师”“孔门弟子”“周公辅成王”“二桃杀三士”“泗水取鼎”等。这些画面大多刻画在祠堂中，有扬善抑恶的意义。

1. 周公辅成王

徐州汉画像石周公辅成王的画像，有榜题的画像有两块。周公原名周公旦，周武王的弟弟。在武王建立周王朝两年病死后，他辅佐周成王，从成王 13 岁到 20 岁，代理天子职权，一心朝政，忠心不二，为“成康之治”奠定了基础。“周公辅成王”，表明了汉代崇尚周公励精图治、赤诚辅佐成王的精神。邳州庞口村出土的“周公辅成王”，剔地阴线刻，高 117 厘米、宽 92 厘米、厚 30 厘米。画面右面刻一高大的门阙。画面左面分为五层，下面一、二层刻庖厨场面；中间一层刻周公与成王，有榜题；第四层刻

图九十二　邳州庞口村出土的“周公辅成王”

有 9 人，恭身拜见尊者；第五层刻一房屋，屋内中间一人端坐，一旁有侍者（图九十二）。

2. 泗水捞鼎

鼎是古代皇权的象征，秦灭周，秦昭王从周王室取出九鼎，迁鼎途中，“鼎没于泗水彭城下”。泗水是古代南北流向的一条大河，北起今山东沂蒙山，南迄古淮河入海口，沿经彭城。据传，秦始皇第一次出巡时，就专程来到彭城的泗水之滨，打捞周鼎。就在鼎升出水面的时候，鼎中出来一条蛟龙，咬断鼎系的一端，转头咬向鼎系的另一端。可以说，鼎和龙是故事的核心。鼎象征着秦的皇权，龙象征着“真龙天子”汉高祖刘邦，意味着秦始皇将失去国家，刘邦将从秦的手中夺得王权。

贾汪区出土的“泗水捞鼎图”，现藏徐州汉画像石艺术馆，高 221 厘米、宽 90 厘米、厚 21 厘米。画面上格刻水榭、游鱼、胡人射鹿等。下格刻历史故事“泗水取鼎”，为龙咬断鼎绳时的紧张场面（图九十三）。

图九十三　贾汪区出土的“泗水捞鼎图”

3. 炎黄升仙

炎、黄经过长期冲突交融形成了大的部落联盟。炎帝、黄帝是中华民族公认的人文始祖，是中国古代文明的象征，也是凝聚海内外炎黄子孙的纽带，成为历朝历代图像祖先的重要题材。

【炎帝升仙图】铜山区苗山汉墓前室南壁门西石刻“炎帝升仙图”，现藏徐州汉画像石艺术馆，高 105 厘米、宽 54 厘米、厚 10 厘米。画面上方刻一月轮，中有玉兔、蟾蜍，旁刻炎帝引凤升仙。炎帝头戴斗笠、身披蓑衣、手持木锸。炎帝还是药神，图下部刻神牛口衔灵芝草药（图九十四）。

【黄帝升仙图】铜山区苗山汉墓“黄帝升仙图”，画面上方刻一日轮，中有三足乌，旁刻黄帝升仙。传说黄帝为有熊氏国君，因而被刻成熊首人身。画面中间刻有飞马，名“飞黄”，传说它是龙翼马身，“黄帝乘之而仙”，即成语“飞黄腾达”的典故（图九十五）。

二图反映了汉代对炎黄祖先的崇拜。

4. 伏羲女娲

汉代人已将伏羲、女娲看成人类的始祖神。徐州汉画像石中有多幅伏羲女娲交尾图，蕴含着男女生殖、阴阳交合的观念，示意其繁殖后代。

【伏羲女娲图】睢宁县双沟“伏羲女娲图”，弧面浅浮雕，徐州汉画像石艺术馆藏，高 90 厘米、宽 28 厘米。

图九十四　铜山区苗山汉墓的“炎帝升仙图”

图九十五　铜山区苗山汉墓的“黄帝升仙图”

画面中刻伏羲、女娲像，人首蛇躯作交缠状；图下方刻二小人，亦作人首蛇躯（图九十六）。

5. 西王母、东王公

西王母、东王公是我国流传已久的神话中的人物。开始传说西王母是执掌瘟疫和刑罚的神仙。后来，据说西王母藏有不死之药，汉代服药求神仙之风盛行，因而画像石中西王母的形象屡见不鲜。西汉末年，西王母信仰成为民间的一种风尚。东王公是在汉代才出现的神话人物，又叫东王父、东公、木公，即周穆王，后来成了道教的“扶桑大帝”。

【西王母东王公图】徐州汉画像石艺术馆馆藏“西王母东王公图”，高 41 厘米、宽 137 厘米、厚 17 厘米。此石系平面阴线刻。画面主要刻有西王母、东王公，在其身边各有二羽人，一人献食、一人侍奉；还刻有羽人骑虎、骑鹿、凤鸟、二人御龙、九尾狐等（图九十七）。

四、天界神仙　人间祥瑞

中国古代依照超自然的神秘力量或实体差异程度将世间分为神界、仙界与凡间。神界统摄万物而拥有绝对权威，主宰自然进化，决定人世命运。仙界是某种意义上的非凡存在，其能力权威在神界之下、凡间之上。凡间则是现实的人世间，不具备超自然的能力。但是，它们之间是可以转化的，甚至概念也是模糊的。古人对生命的追求，一是体现为渴求长寿，如秦始皇、汉武帝屡屡派人到仙山求药，

图九十六　睢宁县双沟散存征集“伏羲女娲”

图九十七　徐州汉画像石艺术馆藏“西王母东王公图”

以期延年益寿；一是慎修“来世”，如佛徒道众，慈悲向善，渴求魂飞天界。东汉佛教已经传入中国，楚王刘英，建都彭城，喜好佛事，广修浮屠。这不能不将“来世”情怀灌输到徐州一带的民众心中。所以，徐州的汉代墓葬多有天界神仙、人间祥瑞刻于青石，便不足为奇了。

1. 总会仙倡

“总会仙倡”是汉代的大型广场演出节目，主题是表现当时十分流行的神仙思想，“仙倡”就是由人扮演的神仙表演，演出中充斥了神仙意境、仙禽神兽等。张衡《西京赋》描写的“总会仙倡”就是仙国天界的情景，把这个节目用到祠堂顶部，是汉代“天人合一”思想的具体表现。

【总会仙倡图】铜山区洪楼祠堂屋顶坡面“总会仙倡图”，现藏徐州汉画像石艺术馆。上图高 149 厘米、宽 282 厘米、厚 25 厘米；下图高 131 厘米、宽 215 厘米、厚 26 厘米，浅浮雕。画面中刻有人物扮演的神仙灵异，有“雨师布雨”“转石成雷”“象奴戏象”，右面刻有三鱼驾云车、三龙驾鼓车等，可与《西京赋·总会仙倡》文献进行比较（图九十八）。

2. 鱼车出巡

河伯称“冯夷”，既是黄河河神，也是所有河神的统称。战国时代，河伯或作鱼身，或乘水车驾两龙。徐州汉画像石中河伯图的出现，说明河伯的传说在徐州地区亦较为流行。

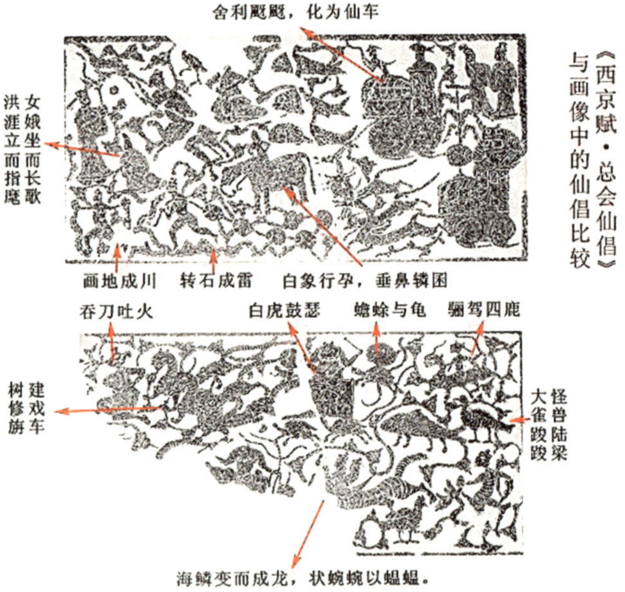

图九十八　铜山区洪楼祠堂屋顶坡画面与《西京赋》“总会仙倡图”比较示意图

【鱼车出巡图】邳州占城出土祠堂“顶盖鱼车出巡图”，现藏徐州汉画像石艺术馆，高 84 厘米、宽 248 厘米、厚 28 厘米。画面横向分为三格，中间一格刻两道龙形彩虹，彩虹下为三鱼驾车，车舆上前面为驭者，后面一位为雨师，车轮为蛇身。左右两格对称刻有莲花，象征着藻井装饰，莲花的四角刻有四条鱼，背面雕刻屋脊和瓦垄（图九十九）。

图九十九　邳州占城出土“顶盖鱼车出巡图”

3. 青龙白虎

五行家们照着阴阳五行给东南西北中配上五种颜色，而每种颜色又配上一个神兽与一个神灵：东为青色配龙，西为白色配虎，南为朱色配雀，北为黑色配玄武，黄为中央正色。在中国传统文化中，龙是根据美好愿望虚拟出来的最为吉祥的动物之一，象征着权力乃至皇权。汉画中流行一种交龙画像。交龙纹是指两条或多条龙的躯干相互交缠的纹饰，是一种以阴阳交合为基本含义的吉祥画像。徐州汉画中还往往将龙瑞和玉瑞巧妙地结合在一起，呈现一种“龙穿璧”的画面，这种画像在汉画像石墓中多刻在门楣石上。

【二龙穿璧】徐州市铜山区韩楼村曾出土一块门楣汉画像石，画面刻二龙穿五璧，高 58 厘米、宽 216 厘米（图一〇〇）。

图一〇〇　铜山区韩楼村“二龙穿壁图”

徐州市泉山区十里堡汉画像石墓中室横额，画面刻二龙穿三璧，石高 48 厘米、宽 274 厘米、厚 40 厘米。两条龙穿三璧而交缠在一起，并点缀以飞鸟等。

【青龙白虎图】现徐州汉画像石艺术馆藏“青龙图”，高 35.8 厘米、宽 100 厘米、厚 35 厘米。正反两面均有刻画，正面是“青龙图”、背面是“白虎图”（图一〇一、图一〇二）。

4. 扶桑

“沧海桑田”形容自然环境的演变，树木无疑是人类接触最频繁的环境因素。汉画像石中的植物崇拜很多，扶

图一〇一　徐州汉画像石艺术馆藏“青龙图”

图一〇二　徐州汉画像石艺术馆藏“白虎图”

图一〇三　栖山汉墓“拜见西王母图”

桑是其中之一，古代文献也有很多记载和称呼。

【拜见西王母】栖山汉墓中棺右侧内壁“拜见西王母图”，现藏徐州汉画像石艺术馆，高 80 厘米、宽 265 厘米，厚 14 厘米。画面内容自左而右分为三组：第一组刻西王母的故事，西王母在楼上凭几端坐，楼下有青鸟献食，楼外有二仙人捣药，接着为人首蛇身、马面人身、鸟头人身、人头人身的四位仙人拜见西王母；第二组画像，刻一大树，当为扶桑，树上有鸟，树下有一人射鸟；第三组画像刻“建鼓舞”“比武图”（图一〇三）。

5. 神鼎

祈福纳祥、吉祥如意是人类的共同愿望。在中国，汉代谶纬之学盛行，其中的祈福纳祥、吉祥如意部分，逐步民俗化并普及开来，影响至今。在汉代，举凡动物、植物、人物与神话中的形象都可以成为其图案，几乎占到汉画像石图案总数的一半。

【犀牛争鼎图】睢宁九女墩汉画像石墓“犀牛争鼎图”，墓中室侧壁，剔地平面阴线刻，高 96 厘米、宽 254 厘米、厚 14 厘米。画分两层，下层刻“车马出行图”。上层画面中间刻一神鼎，玉兔守护鼎旁，两只生有羽翼的犀牛向鼎扑来，玉兔在奋力反搏。图上部刻一“九穗禾”，嘉禾旁有一对凤凰，左上角刻一九尾狐，右上角刻一麒麟。画面左右还刻一对祥瑞符号“日月合璧图”，亦称“日月同辉”。鼎是古代烹煮用的器物，后转化为礼器，成为象征。与鼎相关的成语很多，有“力能扛鼎”“春秋鼎盛”“鼎

图一〇四　睢宁九女墩汉画像石墓“犀牛争鼎图”

鼎有名”“鼎足而立”“革故鼎新”等（图一〇四）。

中国汉画像石以陵墓艺术为主，其艺术价值主要是弥补了中国古代石刻艺术上的不足，凸显了中国古代陵墓建筑装饰艺术的特点。徐州作为汉画像石的集中出土地之一，在全国有着重要的地位。

第四章　余　论

第一节　徐州两汉文化的特色

秦汉之际最显赫的人物项羽、刘邦，都表现出了鲜明的楚文化色彩。项羽宿迁人，祖父项燕是楚国名将；刘邦沛县丰邑人。项羽、刘邦所居的徐泗地区，原本离江汉平原的楚国中心地甚远，但到战国中后期，楚国的势力已达邹鲁境内，徐泗一带很快“楚化”。刘邦好楚声、楚舞、楚衣，信口吟出的也是很地道的楚辞。“汉初三杰”及其他反秦主力，如陈胜、吴广等人，也或为楚人，或受楚文化影响。历史的发展果然应验了楚南公“楚虽三户，亡秦必楚”的预言。

西汉初年，刘邦改封齐王韩信为楚王，都下邳，其所持理由是“齐王韩信习楚风俗”。可见，早在战国后期，所谓“楚”的地域概念，重点已不是江汉一带，而是濒临大海的江淮之间了。作为区域历史文化的楚文化在不同时期空间不同，文化特点有变化、有发展。虽然战国之楚国行政统辖徐州只有几十年，但战国楚地、西楚故都、西汉楚国，足以支撑起徐州作为楚文化绝响地的地位，也给徐州两汉文化深深打下了楚文化的烙印，形成了徐州两汉文化的特色。

第二节　徐州汉墓中的外来文化因素

交流与发展是人类文明发展史上永恒的话题，厘清各种文明不同时期的本土文化与外来文化因素以及在发展中的作用是文化学者的重要责任与义务。交流、学习、竞争，促进了文明发展。中国古代文明不是单一的，而是多元的，外来文化因素在中国文明的发展中无疑起到了重要作用；同时，中国古代文明也影响着其他地区的文明，并逐步形成了东亚文明圈，也对世界其他几大文明作出了巨大贡献。从考古上看，徐州汉墓中有许多外来文化因素。徐州两汉时期的金银器、玉器、青铜器、汉画像石等文物上凸显了异域文化的风采。

一、斯基泰文化因素

斯基泰艺术是草原文化和草原艺术的典型代表。其文物画面描绘的多是狩猎及动物搏斗的场面，偏好层层涂色、扭曲和旋卷。徐州汉墓也出现了斯基泰特色的文物。狮子山楚王墓出土的金带扣，主体图案浮雕“二兽噬马”（图一〇五）；后楼山汉墓出土的金带扣以卷曲翻腾的透雕三羊为主题；簸箕山刘埶墓出土的金带扣则浅浮雕三羊及22只羊首。徐州汉画像石中的“行龙瑞兽图”，瑞兽后肢高高地翻腾，颈部极力向后扭转，其高度变形夸张的雕刻艺术造型同样具有明显的斯基泰文化特征（图一〇六）。

二、佛教文化因素

在东汉墓葬中，带有佛教因素的出土遗物较多，主要有画像石、摇钱树、佛兽镜，以及尖帽胡人俑、白象俑、造像等。

邳州燕子埠东汉彭城相缪宇墓出土了一尊鎏金铜佛（人）造像。造像为青铜铸造，外部鎏金，腹内填有其他金属。造像呈屈膝跪坐状，右手拇指分开，四指并拢向上举过耳，掌心向前；左手置于右膝上。面阔耳硕，头发向后梳成一髻，上横插一簪，露出前额，面部静穆；两眉宽长翘起，鼻圆凸，嘴巴抿起；下巴圆阔，胡须髯髯。鎏金铜佛身着长袍袈衣；袍上饰鎏金云气纹，襟边、袖口及后

图一〇五　狮子山楚王墓金扣腰带线板

图一〇六　贾汪区出土的“行龙瑞兽图”画像石

图一〇七　东汉彭城相缪宇墓出土的鎏金铜佛（人）造像

腰部饰鎏金带，长袍遮住双膝，后背赤足露出；后背一竖向鎏金凹槽，造型奇特，铸工精湛（图一〇七）。

徐州汉画像石中有与佛教关系密切的图像，如僧侣骑象、伎人骑象、胡人骑象、六牙白象和胡人形象等。茅村汉墓前室北壁画像左侧的驭象者与骑骆驼者、拉犁山汉墓藻井上的莲花图案、邳州八义集过满山汉画像石墓的圆雕力士门柱上的莲花纹饰，这些图像均与佛教有关。

三、胡人形象的出现

汉墓出土的胡人俑，汉画像石上刻画的胡人形象均头戴尖帽、高鼻深目。形象主题有胡巫、胡奴、胡汉战争、胡人狩猎等。

【蹲踞人像】邳州代庄散存的蹲踞人像画像石，人呈蹲踞姿态，头戴尖帽，袒胸露体，双膝屈蹲，一手抚膝，一手托着面颊，呈蹲踞状（图一〇八）。

【胡汉交战图】徐州汉画像石艺术馆藏多块“胡汉交战图”画像石，其中一幅画面前有胡人七骑作仓皇逃窜状，边逃边回身弯弓射箭，还有一骑胡人已从马上栽下，被已经追上的汉军士卒割下头颅，另有一骑汉兵正在策马追赶胡人。石高 61 厘米、宽 146 厘米、厚 29 厘米。另一幅“胡汉交战图”画面刻胡人与汉人之间，或格斗，或奔马厮杀，

图一〇八　邳州代庄散存蹲踞人像画像石

图一〇九　徐州汉画像石艺术馆藏“胡汉交战图”

或落荒而逃，或被缚，或断头横尸；中间为“车骑过桥图”，桥下为“捕鱼图”，或徒手捕鱼，或使罩，或行船钓鱼。石高 35 厘米、宽 62 厘米、厚 20 厘米（图一〇九）。

四、墓葬建筑中的外来文化因素

徐州地区汉代墓葬结构形态中，也有许多非本土的因素，应当与中外建筑文化的传播交流有关。贾汪区汉墓墓室中的石柱，高 0.93 米、周长 0.8 米，刻着 16 条瓜棱，下有础，上有栌斗。拉犁山汉墓一号墓的石柱也为瓜棱形，柱高 1.4 米，周身有 16 条棱。这种瓜棱形的柱身与希腊柱身的主要特点相一致。徐州白集东汉画像石墓为一座多室墓，在前室与中室以及中室与两耳室之间都有立柱支撑，但柱身各不相同。第一种为倚柱，安置在中室通往其他室的门两侧，上有柱头、下有柱础，柱身为瓜棱形；第二种

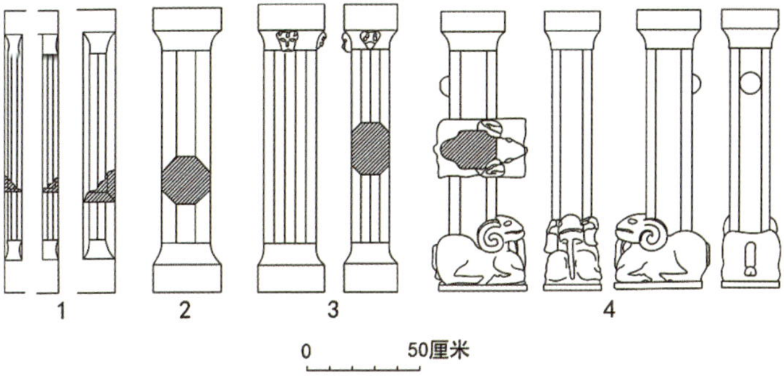

1. 中室倚柱 2. 中室东立柱 3. 中室南立柱 4. 中室西立柱

图一一〇 徐州白集东汉画像石墓墓柱

为八角菱形，同样带有柱头和柱础；最后一种为瓦棱形，圆弧内凹，尖部冲外，柱头部带有人面装饰，有柱础，接近古希腊石柱的风格（图一一〇）。

我国古代是以木结构为主体的建筑体系，砖石建筑不发达。徐州地区汉代墓葬的墓室建筑中出现了大量采用砖券拱顶的情况。徐州白集汉墓、茅村汉墓、拉犁山汉墓采用条石层层叠压形成了叠涩式顶。徐州土山东汉彭城王墓的甬道、前室、后室均采用楔形砖砌筑半圆形墓顶。徐州地区的中小型砖室墓、砖石混合墓也有许多采用楔形砖与长方形砖砌筑的半圆形或弧形墓顶。两汉以降，汉地早期砖石拱顶与中亚砖石拱顶在构成特征上的相似性，考虑到汉朝与西域频繁的文化交流背景，这种现象不可能只反映了趋同，也应是文化的传播与影响。所以，汉地砖石拱顶受到中亚影响的可能性是很大的。